अमर शहीद भगत सिंह का नाम किसी भी भारतीय के लिए अपरिचित नहीं है। इतनी अल्प अवस्था में उन्होंने देशभक्ति, आत्मबलिदान, साहस आदि सद्‌गुणों का जो उदाहरण प्रस्तुत किया, एक साधारण मनुष्य अपने जीवन में उसकी कल्पना भी नहीं कर सकता। भारत राष्ट्र के निर्माण में भगत सिंह के महान कार्यों का योगदान अपने आप में अद्वितीय है। इसके लिए भारत युग-युग तक भगत सिंह का ऋणी रहेगा।

अमर शहीद भगत सिंह का जीवन-चरित्र इस पुस्तक में बहुत ही सुन्दर ढंग से प्रस्तुत किया गया है।

AF658148

भारत के महान अमर क्रांतिकारी

भगत सिंह

डॉ. भवान सिंह राणा

डायमंड पाकेट बुक्स

प्रकाशक : डायमंड पॉकेट बुक्स (प्रा.) लि.
X-30 ओखला इंडस्ट्रियल एरिया, फेज-II
नई दिल्ली-110020
फोन : 011-40712200
ई-मेल : sales@dpb.in
वेबसाइट : www.diamondbook.in

Bharat Ke Amar Krantikari Saheed Bhagat Singh
By : Dr. Bhawan Singh Rana

दो शब्द

अमर शहीद भगत सिंह का नाम किसी भी भारतीय के लिए अपरिचित नहीं है। इतनी अल्प अवस्था में उन्होंने देशभक्ति, आत्मबलिदान, साहस आदि सद्‌गुणों का जो उदाहरण प्रस्तुत किया, एक साधारण मनुष्य अपने जीवन में उसकी कल्पना भी नहीं कर सकता। भारत राष्ट्र के निर्माण में भगत सिंह के महान कार्यों का योगदान अपने–आप में अद्वितीय है, इसके लिए भारत युग–युग तक भगत सिंह का ऋणी रहेगा।

आखिर क्या बात थी कि इतनी कम अवस्था में भी इस वीर ने जीतेजी और बलिदान हो जाने के बाद भी अंग्रेज सरकार का सुख–चैन हराम कर दिया था। वह कौन–सा कारण था कि उस समय के प्रसिद्ध नेताओं, राजनीति के महारथियों को भी इस युवक के विषय में कुछ सोचने के लिए बाध्य होना पड़ा था। और उस समय भारतीय राजनीति में छाये हुए महात्मा गांधी को भी इस तेजस्वी व्यक्तित्व की शहादत पर आलोचना का शिकार बनना पड़ा था? निश्चय ही इस महान विभूति की स्वार्थरहित देशभक्ति, त्याग–भावना तथा अद्वितीय साहस ही इसका कारण रहा होगा।

पंजाब में जन्म लेकर भी उनका दृष्टिकोण केवल पंजाब तक ही सीमित नहीं था। समस्त भारत भूमि उनकी अपनी मातृभूमि थी, वे समस्त भारतीयों के अपने थे। एक सिख परिवार में जन्म लेकर भी वह केवल सिख नही थे, वह एक सच्चे भारतीय, एक सच्चे मानव थे। एक सच्चे मनुष्य का दृष्टिकोण किसी धर्म, जाति अथवा राज्य तक ही सीमित नहीं होता। उन्होंने सारे भारत के हितों को देखकर ही अपने जीवन का बलिदान किया था। इतिहास में भगत सिंह का स्थान अपने–आप में अनूठा है।

इस पुस्तक के विषय में मौलिकता का दावा करना केवल आत्मप्रशंसा ही होगी। इसके लेखन में प्रसिद्ध इतिहासकार डॉ. पट्टाभि सीतारमैया, प्रसिद्ध क्रान्तिकारी एवं लेखक मन्मथनाथ गुप्त, श्री के. के. खुल्लर, मेजर गुरुदेव सिंह दयाल तथा श्री सुरेन्द्र चन्द्र श्रीवास्तव आदि विद्वानों तथा लेखकों की पुस्तकों से सहायता ली गई है। अतः इन सबका आभार व्यक्त करना मेरा कर्तव्य है। पुस्तक में अपनी ओर से प्रामाणिकता का पूरा ध्यान रखा गया है। फिर भी यदि इसमें कोई कमी रह गई हो तो यह मेरा ही दोष कहा जाएगा। इसके लिए सुधी पाठकों से क्षमायाचना।

– लेखक

(1)

प्रारम्भिक जीवन

संसार का प्रत्येक प्राणी जन्म लेता है और मृत्यु को प्राप्त हो जाता है, यह चक्र सदा से चलता आया है और चलता रहेगा। न जाने कितने लोग इस दुनिया में आकर यहाँ से चले गये हैं, आज कोई उनका नाम भी नहीं जानता। किन्तु कुछ लोग ऐसे भी होते हैं, जिनके इस दुनिया से चले जाने पर भी वे अपने देश और समाज के दिलों से कभी नहीं जाते, अपने श्रेष्ठ कार्यों से उनका नाम सदा–सदा के लिए अमर हो जाता है। ऐसा ही एक नाम शहीद भगत सिंह का भी है, जिन्हें भारतवासी युगों तक नहीं भूल पाएँगे।

जन्म तथा बचपनः

भगत सिंह का जन्म 27 सितम्बर, 1907 को पंजाब के जिला लायलपुर में बंगा गाँव में हुआ था। (अब यह स्थान पाकिस्तान में चला गया है।) उनके जन्म के समय उनके पिता सरदार किशन सिंह स्वतंत्रता की लड़ाई में भाग लेने के कारण लाहौर सेंट्रल जेल में बन्द थे। सरदार किशन सिंह के दो छोटे भाई थे–सरदार अजीत सिंह तथा सरदार स्वर्ण सिंह। इस समय सरदार अजीत सिंह मांडले जेल में तथा सरदार स्वर्ण सिंह अपने बड़े भाई सरदार किशन सिंह के साथ ही सजा भुगत रहे थे। इस प्रकार भगत सिंह के जन्म के समय उनके पिता तथा दोनों चाचा देश की आजादी के लिए जेलों में बन्द थे। घर में उनकी माँ श्रीमती विद्यावती, दादा अर्जुन सिंह तथा दादी जयकौर थीं। किन्तु बालक भगत सिंह का जन्म ही शुभ था अथवा दिन ही अच्छे आ गये थे कि उनके जन्म के तीसरे ही दिन उनके पिता सरदार किशन सिंह तथा चाचा सरदार स्वर्ण सिंह जमानत पर छूट कर घर आ गये तथा लगभग इसी समय दूसरे चाचा सरदार अजीत सिंह भी रिहा कर दिये गये। इस प्रकार उनके जन्म लेते ही घर में

यकायक खुशियों की बहार आ गयी, अतः उनके जन्म को शुभ समझा गया। इस भाग्यशाली बालक का नाम उनकी दादी ने भागां वाला अर्थात् अच्छे भाग्य वाला रखा। इसी नाम के आधार पर उन्हें भगत सिंह कहा जाने लगा।

भगत सिंह अपने माता–पिता की दूसरी सन्तान थे। सरदार किशन सिंह के सबसे बड़े पुत्र का नाम जगत सिंह था, जिसकी मृत्यु केवल ग्यारह वर्ष की छोटी अवस्था में ही हो गयी थी जब वह पाँचवीं कक्षा में ही पढ़ता था। इस प्रकार पहले पुत्र की इतनी छोटी अवस्था में मृत्यु हो जाने के कारण भगत सिंह को ही अपने माता–पिता की सबसे पहली सन्तान माना जाता है। भगत सिंह के अलावा सरदार किशन सिंह के चार पुत्र तथा तीन पुत्रियाँ और थीं। कुल मिलाकर उनके छः पुत्र हुए थे तथा तीन पुत्रियाँ, जिनके नाम क्रमशः इस प्रकार हैं—जगत सिंह, भगत सिंह, कुलवीर सिंह, कुलतार सिंह, राजेन्द्र सिंह, रणवीर सिंह, बीबी अमर कौर, बीबी प्रकाश कौर (सुमित्रा) तथा बीबी शकुन्तला।

देशप्रेम की शिक्षा भगत सिंह को अपने परिवार से विरासत में मिली थी। उनके दादा सरदार अर्जुन सिंह भी अंग्रेज सरकार के कट्टर विरोधी थे। यह वह समय था, जब अंग्रेजों के विरुद्ध एक भी शब्द बोलना मौत को बुलावा देने के समान था। इन दिनों अंग्रेजों की प्रशंसा करना लोग अपना कर्तव्य समझते थे, इसी से उन्हें सब प्रकार का लाभ होता था। इसलिए सरदार अर्जुन सिंह के दो भाई सरदार बहादुर सिंह तथा सरदार दिलबाग सिंह भी अंग्रेजो की खुशामद करना अपना धर्म समझते थे, जबकि सरदार अर्जुन सिंह को अंग्रेजों से घृणा थी। अतः उनके ये दोनों भाई उन्हें मूर्ख समझते थे। सरदार अर्जुन सिंह के तीन पुत्र थे—सरदार किशन सिंह, सरदार अजीत सिंह तथा सरदार स्वर्ण सिंह। तीनों भाई अपने पिता के समान ही निडर और देशभक्त थे।

भगत सिंह के पिता सरदार किशन सिंह पर भारत की स्वतंत्रता के लिए अंग्रेजों के विरुद्ध आन्दोलनों में सरकार ने 42 बार राजनीतिक मुकदमे चलाये। उन्हें अपने जीवन में लगभग ढाई वर्ष की कैद की सजा हुई तथा दो वर्ष नजरबन्द रखा गया। सरदार अजीत सिंह से अंग्रेज सरकार अत्यधिक भयभीत थी। अंग्रेजों के विरुद्ध आन्दोलनों में भाग लेने के कारण जून 1907 में उन्हें भारत से दूर बर्मा की राजधानी रंगून भेज दिया गया। भगत सिंह के जन्म के समय वह वहीं कैद में थे। कुछ ही महीनों बाद वहाँ से रिहा होने के बाद वह ईरान, टर्की एवं आस्ट्रिया होते हुए जर्मनी पहुँचे। प्रथम विश्वयुद्ध में जर्मनी के हार जाने

पर वह वहाँ से ब्राजील चले गये थे। सन् 1946 में मध्यावधि सरकार बनने पर पण्डित जवाहरलाल नेहरू के प्रयत्नों से पुनः भारत आये।

भगत सिंह के छोटे चाचा स्वर्ण सिंह भी अपने पिता और दोनों बड़े भाइयों के समान स्वतंत्रता सेनानी थे। बड़े भाई किशन सिंह ने 'भारत सोसायटी' की स्थापना की थी। स्वर्ण सिंह भी इसमें शामिल हो गये थे। उन्हें राजद्रोह के मुकदमे में कैद की सजा हुई और लाहौर सेंट्रल जेल मे रखा गया। जहाँ उनसे कोल्हू में बैल की तरह काम लिया गया, जिससे उन्हें टी. बी. हो गयी और केवल 23 वर्ष की अल्प आयु में ही उनकी मृत्यु हो गई।

इस प्रकार के परिवार में जन्म लेने के कारण भगत सिंह को देशभक्ति और स्वतंत्रता का पाठ अनायास ही पढ़ने को मिला था। पूत के पाँव पालने में ही दिखाई पड़ते हैं या 'होनहार बिरवान के होत चीकने पात' यह कहावत भगत सिंह पर भी खरी उतरती है। उनकी आदतें, उनकी बातें, उनका व्यवहार आदि बचपन से ही बड़ा अनोखा था। अभी वे केवल तीन ही वर्ष के थे, एक दिन उनके पिता सरदार किशन सिंह उन्हें लेकर अपने मित्र श्री नन्दकिशोर मेहता के पास उनके खेत में गये। बालक भगत सिंह ने मिट्टी के ढेरों पर छोटे–छोटे तिनके लगा दिये। उनके इस काम को देख कर श्री मेहता और बालक भगत सिंह के बीच जो बातचीत हुई वह देखने योग्य है–

मेहता–तुम्हारा नाम क्या है?

भगत सिंह–भगत सिंह।

मेहता–तुम क्या करते हो?

भगतसिंह–मैं बन्दूकें बोता हूँ।

मेहता (आश्चर्य से)–बन्दूकें!

भगतसिंह–हाँ, बन्दूकें।

मेहता–ऐसा क्यों मेरे बच्चे?

भगतसिंह–अपने देश को आजाद कराने के लिए।

मेहता–तुम्हारा धर्म क्या है?

भगतसिंह–देश की सेवा करना।

इसी प्रकार उनके चाचा अजीत सिंह के विदेश चले जाने की घटना का भी बालक भगत सिंह पर अमिट प्रभाव पड़ा। पति के वियोग में उनकी पत्नी बार–बार रोती रहती थी। उन्हें रोते देख बालक भगत सिंह कहते थे, "चाचो रो मत, जब

मैं बड़ा हो जाऊँगा, तब मैं अंग्रेजों को देश से बाहर भगा दूंगा और अपने चाचा को वापस ले आऊंगा।"

केवल पांच वर्ष की अवस्था में वह अपने साथियों के साथ खेलते समय उन्हें दो दलों में बाँट लेते थे और एक दल दूसरे दल पर आक्रमण करता था।

इस सब से स्पष्ट होता है कि देशभक्ति की भावना भगत सिंह में उनके बचपन से ही कूट–कूट कर भरी थी। श्री नन्दकिशोर मेहता स्वयं राष्ट्रप्रेमी व्यक्ति थे। बालक भगत सिंह से उपर्युक्त बातचीत होने पर उन्होंने सरदार किशन सिंह से कहा था, ''भाई तुम बड़े भाग्यवान हो। तुम्हारे घर में एक महान आत्मा ने जन्म लिया है। मेरा आशीर्वाद है कि यह बालक आपके लिये नाम पैदा करे और सारे विश्व में प्रसिद्ध हो। इसका नाम राष्ट्र के इतिहास में अजर–अमर रहेगा।" वास्तव में समय आने पर श्री मेहता की यह भविष्यवाणी सत्य सिद्ध हुई।

शिक्षा :

चार–पाँच वर्ष की अवस्था में भगत सिंह का नाम बंगा गांव के जिला बोर्ड प्राइमरी स्कूल में लिखाया गया। वह अपने बड़े भाई के साथ पढ़ने जाने लगे। स्कूल में वह सभी साथियों के प्रिय थे। सभी विद्यार्थी उनके साथ मित्रता करना चाहते थे। भगत सिंह स्वयं भी सभी विद्यार्थियों को अपना मित्र बना लेते थे। उनके मित्रों को उनसे कितना प्रेम था, इस बात का पता इससे लगता है कि अनेक बार उनके मित्र उन्हें कन्धों पर बिठाकर घर तक छोड़ जाते थे, किन्तु भगत सिंह की आदतें बचपन से ही अनोखी थीं। जिस अवस्था में बच्चों को खेलना–कूदना या पढ़ना अच्छा लगता है, उस अवस्था में उनका मन न जाने क्या–क्या सोचता रहता था, कहाँ–कहाँ भटकता रहता था। स्कूल के तंग कमरों में बैठे रहना उन्हें बड़ा उबाऊ लगता था, वह कक्षा छोड़कर खुले मैदानों में घूमने निकल जाते। कल–कल करती नदियाँ, चहचहाते पक्षी, धीरे–धीरे बहने वाली हवा उनके मन को मोह लेती थी। बड़े भाई जगत सिंह बालक भगत सिंह को कक्षा में नदारद पाकर उन्हें ढूंढने जाते और देखते कि वह खुले मैदान में बैठे हुए हैं। जगत सिंह कहते–"तू यहां क्या कर रहा है? वहाँ गुरुजी पढ़ा रहे हैं। चल उठ्!"

मुस्कराते हुए बालक भगत सिंह उत्तर देते–"मुझे यहीं अच्छा लगता है।"

"तू यहां क्या करता है?"

"कुछ नहीं, बस चुपचाप मैदान को देखता रहता हूँ।"

"मैदान को! भला मैदान में देखने की कौन–सी चीज है?"

"है तो कुछ भी नहीं भैया! लेकिन इस खुले मैदान की तरह मैं भी आजाद हो जाना चाहता हूँ।"

छोटे भाई की इस प्रकार की बातें जगत सिंह के पल्ले न पड़तीं। वह खीझते हुए कहने लगता, "अगर यही सब करना था, तो स्कूल में नाम ही क्यों लिखवाया? खेती का काम करते। पढ़ोगे नहीं, तो स्कूल में मार पड़ेगी।"

"मार क्यों पड़ेगी?"

"जब पाठ याद नहीं करोगे, तो मार पड़ेगी ही।"

"पर भैया पाठ तो किताबों में है ही, उसे याद कर लूंगा।"

भगत सिंह वास्तव में तेज बुद्धि के बालक थे, वह सभी पाठों को किताब से पढ़कर याद कर लेते। इसके साथ ही वह अन्य साथियों से निडर, साहसी तथा स्पष्ट बोलने वाले बालक थे। किन्तु इसी बीच यकायक एक दुःखद घटना हुई। उनके बड़े भाई जगत सिंह की जो उन्हीं के साथ पढ़ते थे की मृत्यु हो गई; केवल ग्यारह वर्ष की अवस्था में। इस घटना से भगत सिंह को गहरा धक्का लगा।

इसके बाद सरदार किशन सिंह लाहौर के पास नवाकोट नामक स्थान पर चले गये। इस स्थान पर भी उनकी कुछ जमीन–जायदाद थी। बालक भगत सिंह ने भी अपनी प्राइमरी की शिक्षा पूरी कर ली थी। सिक्खों में यह परम्परा थी कि वे प्रायः अपने बच्चों को खालसा स्कूल में भर्ती कराते थे। किन्तु, इस स्कूल का झुकाव अंग्रेजों के प्रति भक्ति की ओर था। यहां के प्रबन्धक एवं अध्यापक अंग्रेजों को अधिक सम्मान देते थे। सरदार किशन सिंह को यह सब बिल्कुल भी पसंद न था। वह एक सच्चे देशभक्त, स्वतंत्रता सेनानी थे। वह भगत सिंह को किसी ऐसे स्कूल में भर्ती कराना चाहते थे, जहां बच्चे पर गुलामी की छाया भी न पड़े। अतः उन्होंने भगत सिंह को लाहौर के डी.ए.वी. स्कूल में भर्ती कराने का निश्चय किया। डी.ए.वी. स्कूल राष्ट्रीय विचारधारा से ओत–प्रोत था। इस स्कूल में भर्ती कराने पर सरदार किशन सिंह का अपने समाज में विरोध भी हुआ, किन्तु उन्होंने इसकी बिल्कुल भी परवाह न की। यह घटना सन् 1916–17 की है। इस स्कूल में प्रवेश लेने पर भगत सिंह ने अंग्रेजी–उर्दू आदि विषयों के साथ–साथ संस्कृत का भी अध्ययन किया। संस्कृत से उन्हें विशेष अनुराग था। अपने दादाजी को लिखे गये उनके 22–7–1918 के पत्रों से इस भाषा के प्रति उनके विशेष प्रेम का परिचय मिलता है। अपनी परीक्षा के परिणाम और प्राप्त किये अंकों के विषय में उन्होंने लिखा था कि संस्कृत और अंग्रेजी में उन्हें 150

में से क्रमशः 110 तथा 68 अंक मिले थे।

इसी समय सन् 1919 में 'रौलेट एक्ट' के विरोध में सारे भारत में प्रदर्शन हुए। इसी प्रकार का एक प्रदर्शन अमृतसर के जालियाँवाला बाग में हो रहा था, जिसमें हजारों लोग उपस्थित थे। इन निहत्थे लोगों को जनरल डायर ने गोलियो से भून डाला था। जलियाँबाला बाग काण्ड ने देशभक्त भारतीयों की देशभक्ति को और भी अधिक दृढ़ बना दिया। भगत सिंह एक देशभक्त परिवार की तीसरी पीढ़ी थे। अतः वह इस काण्ड से प्रभावित हुए बिना कैसे रह सकते थे। इस काण्ड का समाचार सुनकर वह लाहौर से अमृतसर पहुंचे; देश–प्रेम के लिए अपने प्राणो को त्यागने वाले वीरों को अपनी श्रद्धांजलि देने के लिए। भगत सिंह की दृष्टि में जलियाँवाला बाग एक पवित्र धर्म–स्थल बन गया था। इस स्थान को देखकर भगत सिंह लहू के घूँट पीकर रह गये। सारा बाग खून की नदियों से भीगा हुआ था। मानो वह भूमि उनसे कह रही थी–"तुम्हें इस भूमि की कसम, भारतमाता की कसम, इस खून को बेकार मत जाने देना, तुम्हें कुर्वानी देनी है; अपने सब कुछ की, यहाँ तक कि अपने प्राणों की भी कुर्बानी, अंग्रेजों के इस अत्याचार को समाप्त करना है....." और रक्त से सनी उस मिट्टी को भगत सिंह ने अपनी मुट्ठी मे भर लिया और कुर्बानी का प्रण किया। इस मिट्टी को उन्होने एक बोतल मे रख लिया। यह मिट्टी उन्हें सदा याद दिलाती रहती थी कि उन्हें अपने देश और देशवासियों के अपमान का बदला लेना है।

सन् 1920 में महात्मा गांधी ने असहयोग आंदोलन चलाया। इस आंदोलन से उन्होंने देशवासियों से मांग की कि विद्यार्थी सरकारी स्कूलों को छोड़ दें, लोग सरकारी न्यायालयों, पदों, पदवियों, नौकरियों आदि का त्याग कर दें। फलतः भगत सिंह ने भी सन् 1921 में स्कूल छोड़ दिया। तब वह डी.ए.वी. स्कूल लाहौर की नौवीं कक्षा के विद्यार्थी थे। असहयोग आंदोलन से प्रभावित होकर देश मे अनेक स्कूल तथा कालेज देश के प्रमुख शहरो मे खोले गये। इसी समय देश में अनेक विश्वविद्यालयों तथा विद्यापीठों, की स्थापना भी हुई। गुजरात विद्यापीठ, बिहार विद्यापीठ, पंजाब, काशी विद्यापीठ, बंगाल राष्ट्रीय विश्वविद्यालय, तिलक महाराष्ट्र विद्यापीठ, पंजाब झांसी विद्यापीठ, राष्ट्रीय मुस्लिम विश्वविद्यालय अलीगढ़ आदि इसी काल में स्थापित विश्वविद्यालयों में से हैं। लाला लाजपत राय ने लाहौर में नेशनल कॉलेज की स्थापना की थी। यह कालेज काशी विद्यापीठ से सम्बद्ध था। असहयोग आंदोलन में भाग लेने वाले अनेक विद्यार्थियों ने इसी कालेज में प्रवेश लिया था। भगतसिंह ने भी इसी कालेज में प्रवेश लिया।

अनेक पुस्तकों में लिखा गया है कि डी.ए.वी. स्कूल से मैट्रिक पास करने पर भगत सिंह ने नेशनल कॉलेज में प्रवेश लिया। यह कथन सत्य नहीं है। सच तो यह है कि जब उन्होंने महात्मा गांधी के आह्वान पर डी. ए. वी. स्कूल छोड़ा था, तो वह नौवीं कक्षा के विद्यार्थी थे। नेशनल स्कूल में प्रवेश पाने के लिए उन्हें दो महीने का समय दिया गया और फिर उनकी परीक्षा ली गयी। इस परीक्षा में सफल होने पर ही उन्हें नेशनल कालेज में प्रवेश मिल गया।

क्रान्तिकारियों के सम्पर्क में :

पंजाब नेशनल कालेज में उनकी देशभक्ति की भावना को फूलने–फलने का अच्छा अवसर प्राप्त हुआ। इस कालेज की स्थापना ही स्वराज्य को प्राप्त करने के लिए कर्मठ कार्यकर्ताओं को तैयार करना था। जबकि सरकारी या अन्य कालेजों में विद्यार्थियों का उद्देश्य परीक्षा उत्तीर्ण करके सरकारी नौकरियाँ प्राप्त करना रहता था। हाँ, इसमें गांधी आश्रम के जैसे सख्त नियम नहीं थे। सभी विद्यार्थी लगभग सादे वस्त्रों में रहते थे। खादी की ओर झुकाव था, किन्तु मशीन के कपड़े पहनने वाले विद्यार्थी भी थे। कम से कम कपड़ों में काम चला लेना, सभी कामों को अपने हाथों से करना और भोजन में बिना पकी सब्जियों को खाना अच्छा समझा जाता था। गांधी आश्रम की तरह प्रार्थना और संध्या का नियम नहीं था। अतः इस कॉलेज का वातावरण भगत सिंह को सुन्दर लगा।

इसी कालेज में उनका परिचय यशपाल, भगवती चरण, सुखदेव, रामकिशन, तीर्थराम, झण्डा सिंह आदि क्रान्तिकारियों के साथ हुआ। भगवतीचरण और सुखदेव से उनका जीवन में लम्बे समय तक साथ रहा। कालेज की पढ़ाई के अलावा इस कालेज में भाई परमानन्द, लाला लाजपत राय आदि के भाषण भी होते रहते थे। इन भाषणों से सभी विद्याथियों को देशभक्ति, राष्ट्रवाद, आदि की शिक्षा मिलती रहती थी। प्रो. जयचन्द विद्यालंकार इस कालेज में इतिहास के अध्यापक थे। सभी विधार्थी उनसे अत्यधिक प्रभावित थे। भगत सिंह पर प्रो० जयचन्द विद्यालंकार का विशेष स्नेह था। वे भगत सिंह को क्रान्तियों के बारे में बताते रहते थे। उनका कई क्रान्तिकारियों से सम्पर्क था। उनके विचारों का भगत सिंह पर सबसे अधिक प्रभाव पड़ा था। वस्तुतः वे ही भगत सिंह के राजनीतिक गुरु थे।

हँसमुख और शरारती विद्यार्थी के रूप में :

पढ़ाई मे भगत सिंह अत्यधिक परिश्रम करते थे। इतिहास और राजनीति में उनकी विशेष रुचि थी। इन विषयों को लेकर वह अपने साथियों तथा अध्यापकों से खुलकर बहस किया करते थे। इसके साथ ही वह एक हँसमुख और शरारती विद्यार्थी भी थे। जब वह नेशनल कालेज लाहौर के छात्र थे, तो प्रोफेसर सौंधी उन्हें भारतीय इतिहास पढ़ाते थे। प्रोफेसर सौंधी की एक विशेषता थी–वह लेक्चर देते समय भी ऊँघते रहते थे। कक्षा के शरारती विद्याथियों को प्रोफेसर साहब के इस गुण से विशेष लगाव था। इन शरारती विद्यार्थियों में भगत सिंह भी एक थे। इन प्रोफेसर साहब से ऊट–पटांग बातें करके उन्हें परेशान करने में विद्यार्थियों को विशेष आनन्द मिलता था।

एक बार प्रोफेसर सौंधी सम्राट् अशोक के विषय में पढ़ा रहे थे। किन्तु अपनी आदत के अनुसार वह बीच में ऊँघने लगे। भगत सिंह, सुखदेव, तथा यशपाल का मन उनका भाषण सुनने में नहीं लगा। वे कक्षा से खिसकना चाहते थे, किन्तु प्रोफेसर के सामने होते ऐसा करना सम्भव नहीं था। इसी बीच खड़े होकर भगत सिंह ने पूछा, "सर! अंग्रेज भारत में भिखारी बनकर आये थे, और बाद में यहाँ के राज़ा बन बैठे। क्या यह सच है?"

प्रोफेसर साहब तब अशोक की न्यायप्रियता के विषय में बता रहे थे। इस प्रकार असम्बद्ध प्रश्न से उन्हें गुस्सा आ गया और बोले–"तुमसे कितनी बार कहा है कि मेरे विचारक्रम को भंग न करो, किन्तु तुम हो कि सुनते ही नहीं..."

प्रोफेसर साहब की बात पूरी होने से पहले ही सुखदेव उठ खड़े हुए और बोले, "सर! यह भगत सिंह भी बिल्कुल मूर्ख है। कहाँ आप शाहजहाँ के शासन काल के विषय में पढ़ा रहे थे और यह अंग्रेजों को बीच में ले आया।"

"क्या मतलब तुम्हारा...शाहजहाँ से। कब लिया मैंने शाहजहाँ का नाम भी!" प्रो. सौंधी चिल्लाये।

अब यशपाल की बारी थी। वह अपनी सीट से उठ खड़े हुए और कहने लगे, "सर! मैं इन दोनों से कह रहा था कि आप मोहम्मद तुगलक के पागलपन के विषय में पढ़ा रहे थे, पर इन्हें मेरी बात पर यकीन ही नहीं आया।"

प्रोफेसर साहब एकदम चीखे, "तुम सब एकदम नालायक हो। मैं तुम्हें नही पढ़ा सकता। इतना कहकर वह कक्षा से बाहर चले गये और लड़के खिलखिलाकर हँस पड़े तथा कक्षाओं से भाग खड़े हुए।

ऐसा प्रायः होता रहता था। जब भी छात्र प्रोफेसर सौंधी की कक्षा में ऊबने

लगते, तो इसी तरह भगत सिंह आदि उन्हें परेशान कर देते। प्रोफेसर साहब क्लास छोड़ देते और लड़कों को मनचाही मुराद मिल जाती। इसी तरह एक अन्य प्रोफेसर मेहता भी इन विद्यार्थियों के मनोरंजन के साधन बनते थे। प्रोफेसर मेहता पढ़ाते तो लगन से थे, किन्तु उन्हें हिन्दी का ज्ञान बहुत कम था। वह हिन्दी शब्दों का उच्चारण भी बड़े अजीब ढंग से करते थे। किसी अंग्रेजी शब्द के लिए जब वह हिन्दी शब्द पूछते, तो विधार्थी उन्हें ठेठ पंजाबी भाषा का शब्द बता देते। इस पर दूसरे विद्यार्थियों के ठहाके गूंजने लगते और प्रोफेसर मेहता हैरान और परेशान हो जाते, तब वह सबसे पहले भगत सिंह के साथी झंडा सिंह की ओर संकेत करते हुए कहते, 'गेट आऊट आफ दि क्लास।' इसके बाद ऐसी ही आज्ञा एक–एक कर यशपाल, सुखदेव, भगतसिंह तथा एक दो अन्य साथियों को भी मिलती।

विद्यार्थी जीवन के अन्य कार्यकलाप :

अध्ययन के साथ ही साथ उनकी रुचि राष्ट्रीय समस्याओं की ओर बढ़ती गई। उस समय की सभी नयी–नयी घटनाओं के प्रति वह सदा सचेत रहते थे तथा इनमें उनका सक्रिय सहयोग भी रहता था।इसका परिचय 14–11–1921 को अपने दादाजी को लिखे उनके एक पत्र से मिलता है। इस पत्र में उन्होंने अपने दादाजी को लिखा था–"इन दिनों रेलवे कर्मचारी हड़ताल की योजना बना रहे हैं। आशा है कि यह अगले सप्ताह के बाद प्रारम्भी होगी।"

देशभक्ति के गीत गाने में, जोशीले नाटकों में भाग लेने में तथा इसी प्रकार के अन्य राष्ट्रीय तथा सामाजिक कार्यों में उनकी गहरी रुचि थी। वह नेशनल नाइट क्लब के एक सक्रिय सदस्य थे। इस क्लब ने एक बार सम्राट् चन्द्रगुप्त से सम्बन्धित एक नाटक का आयोजन किया था। भगत सिंह ने इस नाटक में शशिगुप्त का अभिनय किया था। उनके इस अभिनय की सभी ने प्रशंसा की थी। इस उत्तम अभिनय की सफलता पर भाई परमानन्द ने बधाई देते हुए कहा था, "मेरा भगतसिंह निश्चय ही भविष्य में शशिगुप्त सिद्ध होगा।" इस क्लब ने "राणा प्रताप", "महाभारत", आदि नाटकों का भी मंचन किया। इन सब में भगत सिंह ने महत्त्वपूर्ण भूमिकाओं में अभिनय किया। इन नाटकों को खेलने का मुख्य उद्देश्य भारतीय जनता में देशप्रेम, राष्ट्रीय भावना को फैलाना तथा अंग्रेजों के विरुद्ध आवाज उठाना था। अतः सरकार ने इस क्लब पर रोक लगा दी थी।

भगत सिंह पर विवाह के लिए दबाव :

नेशनल कालेज में बी.ए. के छात्र बनते ही उनके माता–पिता उन पर विवाह के लिए दबाव डालने लगे। भगत सिंह की दादी उन्हें सबसे अधिक प्यार करती थीं। उनकी इच्छा थी कि भगत सिंह का विवाह हो जाए और वह पौत्र वधू(पतोहू) का मुँह देख ले। इधर उनके पिता भी देख रहे थे कि भगतसिंह का मन घर में बिलकुल नहीं लगता था। एक दिन कहीं कांग्रेस कार्यकर्ताओं की मीटिंग थी। भगत सिंह उसमें भाग लेने गये थे। देर रात गये, वह घर लौटे। परीक्षाएँ निकट थी, पर भगत सिंह इस ओर ध्यान नहीं दे रहे थे। पिता सरदार किशन सिंह क्रोध में थे। ग्यारह बजे घर लौटने पर वह भगत सिंह पर बरस पड़े, "इस समय आने का क्या मतलब है! अगर पढ़ना नहीं है, तो घर में बैठो। इस तरह समय और पैसा बर्बाद करने से आखिर क्या फायदा!"

देशप्रेम के रंग में रंगे भगत सिंह ने उतर दिया, "पढ़ाई तो सदा चलती रहेगी, देश के लिये भी तो कुछ फर्ज है।"

"मैं तुम्हारा भाषण नहीं सुनना चाहता, या तो ठीक तरह से पढ़ो या फिर पढ़ाई ही छोड़ दो। मैं इस प्रकार की बाते बिल्कुल बर्दाश्त नहीं कर सकता।"

बिना कोई उत्तर दिए भगत सिंह अपनी पढ़ाई में लग गये। पिता जी के साथ उनकी कहा–सुनी अक्सर होने लगी। अतः अपनी मां के दबाब और भगत सिंह को सही रास्ते पर लाने के लिये उनके पिता ने उनकी शादी कर देने का फैसला कर लिया। जाटों में एक कहावत है कि यदि लड़का बिगड़ जाए, तो उसके पैरों में विवाह की बेड़ी डाल देनी चाहिए। इसलिए भगत सिंह की सगाई जिला सरगोधा ग्राम मानवाला निवासी सरदार तेजासिंह की बहिन के साथ तय कर दी गयी। जब भगतसिंह को अपनी सगाई का समाचार मिला तो उन्होंने अपने पिता को एक पत्र लिखा, जो इस प्रकार है–

पूज्यनीय पिता जी,

यह विवाह का समय नहीं है। देश मुझे बुला रहा है। मैंने राष्ट्र की तन–मन–धन से सेवा करने की सौगन्ध ली है। और फिर यह हमारे लिए कोई नई बात भी नहीं है। हमारा पूरा परिवार देशभक्ति की भावनाओं से पूरित है। 1910 में मेरे जन्म के दो या तीन वर्ष पश्चात चाचा स्वर्ण सिंह का जेल में स्वर्गवास हो गया। चाचा अजीत सिंह निर्वासित व्यक्ति की तरह विदेशों में जीवन व्यतीत कर रहे हैं। आपने भी जेल में बहुत कष्ट भोगे हैं। मैं केवल आपके

भगत सिंह-1

पदचिन्हों पर ही चल रहा हूँ। और इस प्रकार ऐसा करने का दुस्साहस कर रहा हूँ। कृपया मुझे बन्धन में न बाँधे, बल्कि मुझे आशीर्वाद दें कि मैं अपने आदर्श में सफल होऊँ।"

भगत सिंह के इस पत्र ने पूरे परिवार में एक खलबली मचा दी। एक ओर परिवार की सबसे बड़ी सदस्य दादी थी, जो चाहती थीं कि किसी भी प्रकार पोते का विवाह हो जाए लेकिन पोते के विचार एकदम अलग ही थे। दादी एवं पोते के इन विरोधी विचारों ने सरदार किशन सिंह को एक अजीब–सी दुविधा में डाल दिया था। अन्ततः काफी सोच–विचार के बाद उन्होंने अपने पुत्र को पत्र लिखा।

प्यारे भगतसिंह,

हमने तुम्हारा विवाह निश्चित कर दिया है। हमने लड़की देखी है और उसका परिवार हमें पसन्द है। मुझे और तुम्हें बूढ़ी माँ–दादी की इच्छा का सम्मान करना चाहिए। अतः मेरी आज्ञा है कि तुम्हें विवाह में किसी प्रकार की बाधा उत्पन्न नहीं करनी चाहिए और प्रसन्नता से इसके लिए तैयार हो जाना चाहिए।

इस पत्र से भगत सिंह को बड़ी निराशा हुई। इस विषय में बड़ी गंभीरता से विचार करने के बाद कालेज छोड़ने का निश्चय करते हुए अपने पिताजी को लिखा–

पूज्यनीय पिताजी,

मैं आपके पत्र को पढ़कर आश्चर्यचकित रह गया। जब आप जैसे देशभक्त और साहसी व्यक्ति ऐसी साधारण समस्याओं से हताश हो जाएँगे, तो साधारण व्यक्ति का क्या होगा। आप केवल दादी की चिन्ता कर रहे हैं। परन्तु करोड़ों व्यक्तियों की भारत माता कितने और कैसे दुःखों में है। हमें उसके दुःख–दर्द को दूर करने के लिये सभी कुछ स्वीकार करना पड़ेगा। मैं जानता हूँ कि यदि मैं यहीं रहा, तो मुझे विवाह करने के लिये विवश किया जाएगा। इसलिए मैं किसी अन्य स्थान पर जा रहा हूँ।"

इस पत्र–व्यवहार से पूर्व जब भगत सिंह अपने घर पर ही थे, तो लड़की वाले उन्हें देखने आये थे। मेहमानों के साथ उनका व्यवहार भी मधुर एवं शिष्ट था। वे उन्हें विदा करने लाहौर तक गये थे। लौटने पर उन्होंने अपने पिताजी से साफ–साफ कह दिया था कि वह शादी नहीं करेंगे।" आखिर क्यों नहीं करोगे?' पिताजी ने पूछा।

भगत सिंह बोले "जब तक अपने पांवों पर खड़ा न हो जाऊँ, शादी करना

ठीक नहीं।"

पिता किशन सिंह बिगड़ उठे, "हमें ही रास्ता दिखाता है, विवाह कर लो और अपने पाँवों पर खड़े होने की कोशिश करो, हम मना करते हैं? विवाह हो जाने पर तुझे कौन–सा झंझट हो जाएगा। कोई अन्य रास्ता न देखकर भगत सिंह बोले, 'अभी तो मेरी उम्र भी क्या है।"

"और बातों के लिये तो बुजुर्ग बनता है, बस केवल शादी के लिये ही कमसिन बन जाता है। शादी कर लो, बहू को तभी घर बुलाना, जब उसकी आवश्यकता जान पड़े।"

और कोई रास्ता न देखकर भगत सिंह ने एक बार फिर कहा, शादी करेंगे तो पढ़ी–लिखी लड़की से।" वह जानते थे कि जिस लड़की से रिश्ता तय हो रहा है, वह पढ़ी–लिखी नहीं है किन्तु अपने घर वालों का फैसला बदलने में वह सफल न हो सके। अन्त में विवश होकर उन्हें बी.ए. की पढ़ाई अधूरी छोड़कर कालेज से भागना पड़ा। यह घटना 1924 ई. की है।

भगत सिंह पर प्रभाव :

पहले ही लिखा जा चुका है कि भगत सिंह का परिवार एक राष्ट्र और स्वतंत्रता प्रेमी परिवार था। व्यक्ति का अपना परिवार उसकी सबसे पहली पाठशाला होता है। अतः भगत सिंह के चरित्र–निर्माण में सबसे पहला प्रभाव उनके परिवार का ही पड़ा था। अपने परिवार में वह सबसे अधिक प्रभावित अपने चाचा सरदार अजीत सिंह से हुए थे। चाचा अजीत सिंह के बाद वह शहीद करतार सिंह सराभा से सबसे अधिक प्रभावित थे। सन् 1914–15 ई. में कैनेडा तथा संयुक्त राज्य अमेरिका से लौटे पंजाबी किसानों द्वारा गदर आन्दोलन चलाया गया। इस आन्दोलन के समय वह आन्दोलन के नेता करतार सिंह सराभा, रासबिहारी बोस आदि नेताओं के सम्पर्क में आये। ये लोग चन्दा अथवा सलाह–मशवरे के लिये बंगा में सरदार किशन सिंह से मिलने आते रहते थे। करतार सिंह सराभा को सन् 1915 में लाहौर षड्यन्त्र केस में बन्दी बनाया गया। उनके लिये अदालत ने कहा था, "एक नौजवान है, इसमें कोई सन्देह नहीं। परन्तु वह निश्चित रूप से इन विद्रोहियों में सबसे अधिक खतरनाक है, जिसके प्रति न तो कोई दया दिखाई जा सकती है और न दिखाई जानी चाहिए।" सन् 1916 में केवल 20. वर्ष की आयु में सराभा को फाँसी मिली थी। उन्होंने हंसते–हंसते फाँसी के फन्दे को चूमकर अपना बलिदान कर दिया था। यद्यपि

इस समय भगत सिंह एक बालक ही थे, फिर भी वह उनसे प्रभावित हुए बिना नहीं रह सके। नौ वर्ष के बालक भगत सिंह पर इस वीर बलिदान का गहरा प्रभाव पड़ा था। इस बात का अनुमान इससे सहज ही लगाया जा सकता है कि जब वह (भगत सिंह) गिरफ्तार हुए थे, तो उनके पास से सराभा का फोटो प्राप्त हुआ था, जिसे वह सदा अपने पास रखते थे। अपने घर में भी वह सराभा के फोटो को अपनी माँ को दिखाते हुए जब तब कहते रहते थे–प्यारी मां, यह है मेरा गुरु, मेरा भाई तथा मेरा साथी।" घर में काम करते समय अथवा कहीं इधर–उधर घूमते समय वे सराभा के अति प्रिय निम्नलिखित बैंत को गाया करते थे

सेवा देश दी जिदड़ीये बड़ी औखी
गल्लां करनीयां फेर सुखलियां ने
जिनां देश सेवा विच पैर पाइया
उनांलख मुसीबतां झेलियां न।।

(अरी मेरी तुच्छ आत्मा! देश सेवा की बातें करना निःसन्देह अत्यन्त आसान कार्य है, किन्तु वास्तव में देश सेवा करना बड़ा कठिन है। जो इस भार को अपने कन्धों पर उठाने का साहस करते हैं, उन्हें अपने जीवन में कष्टों का सामना तो करना ही पड़ता है।)

अपने बचपन में ही भगत सिंह का परिचय श्री नन्दकिशोर मेहता, लाला पिण्डीदास, सूफी अम्बा प्रसाद, पंजाब केसरी लाला लाजपतराय आदि राजनीतिक नेताओं से हो गया था। इन सब का प्रभाव भी उन पर पड़े बिना नहीं रहा।

विद्यार्थी जीवन और रहन–सहन :

अपने विद्यार्थी जीवन में भी भगत सिंह सादा वस्त्रों के प्रतीक बन गये थे। उनके कपड़े अस्त–व्यस्त, बेढंगे होते थे। फटे–पुराने से भी उन्हें कोई परहेज न था। कभी–कभी तो वह लुंगी में ही कालेज चले जाते थे। उनकी इस आदत के विषय में उनके साथी शिव वर्मा ने लिखा है, "मुझे कोई ऐसा अवसर याद नहीं, जब मैंने उसे पुस्तकें उठाए न देखा हो। मैंने उसे फटे पुराने, यहाँ तक कि चिथड़ों में भी देखा है। लेकिन उस वक्त भी उसकी जेबों में पुस्तक होती थी।"

(2)
कॉलेज के बाद

कॉलेज से भागने के बाद अमर शहीद भगत सिंह का परिचय सुरेशचन्द्र भट्टाचार्य, बटुकेश्वर दत्त, अजय घोष, विजयकुमार सिन्हा जैसे प्रसिद्ध क्रान्तिकारियों से हुआ। ये सब बंगाली थे उनके बीच में एक सिख युवक का रहना सी. आई. डी. को सन्देह में डाल सकता था। अतः विद्यार्थी जी ने उन्हें प्रताप में कार्य देकर उनके रहने का प्रबन्ध भी दूसरी जगह कर दिया। प्रताप में काम मिलने से पहले कुछ दिनों तक उन्होंने अखबार बेचकर अपना खर्चा चलाया था।

इसी दौरान कानपुर में ही उन्होंने बटुकेश्वर दत्त से बंगला सीखी और यहीं उन्होंने कार्ल मार्क्स का भी अध्ययन किया। फिर वह 'हिन्दुस्तान रिपब्लिकन एसोसियेशन' में सम्मिलित हुए। इस एसोसियेशन का उद्देश्य सशस्त्र क्रान्ति से देश में प्रजातन्त्र की स्थापना करना था। भगत सिंह ने उत्तर प्रदेश और पंजाब के क्रान्तिकारी विचारों वाले युवकों से सम्पर्क बढ़ाया तथा उन्हें 'हिन्दुस्तान रिपब्लिकन ऐसोसियेशन में शामिल होने की प्रेरणा दी। अब वह पूर्णरूप से इस दल के आदमी थे तथा दल का काम ही उनका अपना काम था। दल सशस्त्र क्रान्ति के लिये तैयार था, किन्तु उसके सामने एक विकट समस्या थी; उसके पास पैसा नहीं था। डकैती डालने पर भी विचार किया गया। डकैती में मुख्य बात यह थी कि डकैती भी किसी व्यक्ति के घर ही डाली जानी थी; सरकारी खजाने को लूटने के लिये पर्याप्त साधन नहीं थे। किसी व्यक्ति के घर डकैती डालने से जनता की हमदर्दी से हाथ ही

धोने पड़ते, अतः इस विचार को भी स्थगित कर देना पड़ा।

क्रान्ति का प्रचार चलता रहता था। एक बार दशहरे के मेले में प्रताप प्रेस से विज्ञापनों के रूप में क्रान्तिकारी साहित्य छापा गया। भगत सिंह अपने पाँच अन्य साथियों को लेकर इसे बांटने निकल पड़े। वे प्रतापगढ़ के मेले में पहुंचे। मेले में सुन्दर कपड़ों में सजे–धजे लोग अनेक प्रकार के गीत गा रहे थे एक जगह बहुत अधिक भीड़ थी। भगत सिंह और उनके साथियों ने एक विज्ञापन बाँटना शुरू कर दिया; जिसमें "जागो मेरे देश के लोगों लिखा था।" पुलिस के आदमी सादा कपड़ों में लोगों के बीच खड़े थे। जैसे ही उन्होंने यह विज्ञापन देखा, भगत सिंह के साथियों पर आक्रमण कर दिया और दो को पकड़कर गिरफ्तार कर लिया। यह सब देखकर भगत सिंह ने सारे कागज फेंक दिये और भीड़ के लोगों से बोले, "कांग्रेसी उधर इश्तहार बांट रहे है।" इतना सुनते ही गिरफ्तार युवकों के पास दो पुलिस वाले खड़े रहे और बाकी सभी पुलिस के सिपाही उधर ही दौड़ पड़े, जिधर भगत सिंह ने इशारा किया था। ज्यों ही शेष पुलिस वाले आँखों से ओझल हुए, भगत सिंह और उनके साथी उन दो पुलिस वालों पर टूट पड़े, जो उनके गिरफ्तार साथियों की देखभाल कर रहे थे। उनसे अपने साथियों को छुड़ा कर वे तुरन्त भाग खड़े हुए। पुलिस तथा कुछ अन्य लोगों ने उनका पीछा करना चाहा, अतः भगत सिंह ने हवा में तीन फायर किये, जिससे डरकर पीछा करने वाले लौट पड़े।

उनके कानपुर निवास के दौरान ही एक बार दिल्ली में दंगे हुए थे। तब भगत सिंह को प्रताप के संवाददाता के रूप में दिल्ली भेजा गया। भगत सिंह ने इस कार्य को कुशलता और ईमानदारी के साथ पूरा किया था। इश्तहार बाँटने की उपर्युक्त घटना के बाद उनका कानपुर में रहना खतरे से खाली नहीं था। फलस्वरूप लगभग दो महीने तक कानपुर में रहने के बाद विद्यार्थिजी ने उन्हें ग्राम शादीपुर, जिला अलीगढ़ के नेशनल स्कूल में प्रधान अध्यापक बनाकर भेज दिया। भगत सिंह की योग्यता से स्कूल थोड़े ही दिनों में चमक

उठा। सभी अध्यापक तथा विद्यार्थी उनके परिश्रम एवं योग्यता से अत्यधिक प्रभावित हुए। इसी वर्ष 1924 में भयंकर बाढ़ आ जाने से उन्होंने कानपुर में सहायता कार्यों में भी बढ़-चढ़कर भाग लिया।

अन्य क्रान्किारियों के साथ ही यहां उनकी मुलाकात महान् क्रान्तिकारी चन्द्रशेखर आजाद के साथ भी हुई थी। इन दो विभूतियों की मुलाकात भारतीय इतिहास की एक महत्वपूर्ण घटना थी। दोनों एक-दूसरे से मिलकर अत्यधिक प्रभावित हुए थे। क्रान्तिकारी संगठन को मजबूत बनाने के लिए मानों इन दोनों को एक-दूसरे की तलाश थी। भारत के क्रान्तिकारियों के इतिहास में ये दोनों गंगा यमुना की धाराओं के समान मिलकर आगे बढ़े। दोनों ने बिखरे हुए क्रान्तिकारियों की एकता, जनरल डायार के सफाये, काकोरी काण्ड के अभियुक्तों को जेल से भगाने आदि पर विचार-विमर्श किया।

कानपुर से घर की ओर :

इधर भगतसिंह कानपुर में भारत की स्वाधीनता के इतिहास की रचना कर रहे थे, उधर उनके घर में सभी लोग उनके लिए अत्यधिक चिन्तित थे। उनकी दादी उनके गम से बिमार पड़ गईं। वह भगत सिंह को देखने के लिए तड़प रही थी। उन्हें बार-बार यह बात कचोटती रहती थी कि आखिर उन्होंने भगत सिंह से शादी कर लेने की जिद क्यों की, जिसके कारण उन्हें घर छोड़ना पड़ा था। सब विवश थे, कौन क्या करता?

इधर भगत सिंह ने अपने एक मित्र जक्शका निवासी रामचन्द्र को एक पत्र लिखा। पत्र में अपना पता भी लिखा था, किन्तु सख्त हिदायत दी गई थी कि उनका पता किसी को न बताया जाये। परिवार की परेशानी भी रामचन्द्र के सामने थी। उन्होंने जयदेव गुप्त को पत्र के बारे में तो बताया, परन्तु पता नहीं

बहुत अधिक अनुरोध करने पर भी रामचन्द्र पता बताने को तैयार नहीं हुआ। हा, वह इस बात के लिए राजी हो गया कि वह उनके (जयदेव गुप्त के) साथ उस पते पर जा सकता है। पिता सरदार किशनसिंह ने 'वन्दे मातरम्' पत्र में एक विज्ञापन भी निकलवाया–"भगत सिंह जहाँ भी हो लौट आएँ, उनकी दादी सख्त बीमार हैं।" किन्तु भगतसिंह नहीं लौटे। रामचन्द्र तथा जयदेव गुप्त उन्हें लेने कानपुर पहुँचे। पत्र में विद्यार्थीजी का पता था। दोनों विद्यार्थीजी से मिले। विद्यार्थीजी ने उन्हें शादीपुर भेज दिया, किन्तु भगत सिंह ने दोनों को दूर से से ही आते हुए देख लिया था। अतः वह वहाँ से खिसक लिए। फलस्वरूप दोनों को निराश होकर फिर विद्यार्थीजी के पास आना पड़ा। विद्यार्थीजी ने उन्हें भगत सिंह को घर भेजने का आश्वासन दिया। तब वे दोनों लौट गये। सरदार किशन सिंह उर्दू के प्रसिद्ध शायर मौलाना हसरत अली से मिले। मौलाना अली विद्यार्थीजी के परिचित थे। उन्होंने विद्यार्थीजी को एक पत्र लिखा, जिसमें इस बात का उल्लेख किया गया था कि भगत सिंह के घर लौट आने पर, कोई भी उन पर शादी करने का दबाव नहीं डालेगा। ऐसा ही एक पत्र भगत सिंह के लिए भी लिखा गया। तब वह अपने घर लौट आये। दादी वास्तव में बीमार थीं। उनके घर आ जाने पर सारे घर में मानों खुशियाँ लौट आयीं। वह दतचित होकर दादी की सेवा में लग गये। दादी की दवा–खुराक आदि की पूरी जिम्मेवारी अपने ऊपर ले ली। कुछ ही दिनों में वह पूर्णतया स्वस्थ हो गयीं। दादी के स्वस्थ हो जाने पर भी उनकी जिद के कारण भगत सिंह शीघ्र कानपुर न लौट सके। अब वह कभी दादी के पास रहते तथा कभी लाहौर चले जाते। कभी कई–कई दिनों तक वह लाहौर ही रहते थे। भारत की स्वतंत्रता के लिए उत्तरी भारत में क्रान्तिकारी जो योजनाएँ बना रहे थे, उनसे उनका सम्पर्क बना हुआ था। उसके साथ ही वह पंजाब के गांवों में भी घूमने लगे। इससे उन्हें अपने समाज की कई ज्वलन्त समस्याओं से परिचित होने का अवसर प्राप्त हुआ।

अकाली आन्दोलन और भगतसिंह :

शादी के मामले से भगत सिंह पूर्णरूप से मुक्त हो चुके थे। इधर सन् 1925 में एक ऐसी घटना घटी, जिसने उनके जीवन को ही बदलकर रख दिया। यह घटना थी–अकाली आन्दोलन का सूत्रपात। गुरुद्वारों में करोड़ों रुपयों की वार्षिक आय होती थी, किन्तु ऐसे पैसे का उपयोग गुरुद्वारों के महन्त अपने व्यक्तिगत खर्चों के लिए करते थे। धार्मिक स्थलों के चढ़ावे से इस दुरुपयोग से

समाज चिन्तित था। वे इस धन का उपयोग देश एवं समाज के हित में करना चाहते थे। इस भ्रष्टाचार के विरुद्ध सिक्खों ने एक आन्दोलन प्रारम्भ किया। वे जत्थे बनाकर गुरु नानक महाराज के जन्म–स्थान ननकाना साहिब पहुँचने लगे। इस संघर्ष में नाभा रियासत के शासक महाराजा रिपुदमन सिंह भी कूद पड़े। यद्यपि यह आन्दोलन एक सामाजिक आन्दोलन था, इसका राजनीति से दूर का भी वास्ता नहीं था। किन्तु इससे सरकार चिन्तित और क्रोधित हो उठी। महाराज रिपुदमन सिंह को अपदस्थ करके देहरादून में नजरबन्द कर लिया गया। यह आन्दोलन दिन पर दिन तेज होता जा रहा था। साथ ही सरकार भी इसे सख्ती से कुचल देने के लिए कमर कसकर बैठी थी। अब इन जत्थों का रुख ननकाना साहब के जैतों की ओर हो गया। अकालियों के ये जत्थे जहां भी जाते, जनता उनका स्वागत करती थी।

इसी प्रकार के एक जत्थे को बंगा गाँव से होकर गुजरना था। सरदार किशन सिंह से इस जत्थे का स्वागत करने के लिए कहा गया, किन्तु संयोग से उन्हें उसी दिन अपने बीमा से सम्बन्धित कार्य के लिए बम्बई जाना था। इसलिए उन्होंने इस कार्य की जिम्मेदारी भगत सिंह को सौंप दी। अंग्रेजों के भक्त सिख तथा सरकारी कर्मचारी इस आन्दोलन का विरोध कर रहे थे। सरदार किशन सिंह का चचेरा भाई दिलवाग सिंह अंग्रेजों का पिट्ठू था। वह नहीं चाहता था कि इस जत्थे का गाँव में स्वागत हो। उसने भगत सिंह का प्रबल विरोध किया। यही नहीं, उसने गाँव के कुएं की सारी रस्सियां और बाल्टियाँ भी नष्ट करवा दीं, ताकि जत्थे को पानी भी न मिल सके। गाँव के सारे पशुओं को बाहर भेज दिया गया, ताकि गांव में दूध का अभाव हो जाये, और जत्थे को दूध न मिल सके। दिलबाग सिंह के आदमियों ने पुलिस के समान हर स्थान पर अड्डा जमा लिया। जत्था गाँव में पहुँचा। इसके सामने पहली बार भगत सिंह ने अपना राजनीतिक भाषण दिया। जिसमें उन्होंने आयरलैण्ड के इतिहास तथा बंगाल के क्रान्तिकारियों का हवाला देते हुए भारत की वर्तमान दशा का भी वर्णन किया। जत्थे के स्वय सेवकों ने भगत सिंह की मुक्तकण्ठ से प्रशंसा की तथा वे एक रात के बजाय तीन दिन तक वहां जमे रहे। अंग्रेजों के भक्तों के साथ गाँव का एक भी आदमी नहीं गया। दिलबाग सिंह को अपमान का घूँट पीकर रह जाना पड़ा। सब कुछ शान्तिपूर्ण ढ़ंग से सम्पन्न हो गया। सरकार भगत सिंह के विरुद्ध कुछ भी न कर सकी। उनके विरुद्ध कोई मामला न होने पर भी पुलिस ने एक झूठा केस तैयार किया और उनके नाम वारण्ट जारी कर दिया। भगत सिंह लाहौर पहुंचे। वहाँ वह

प्रोफेसर चन्द्र से मिले। प्रोफेसर चन्द्र ने उन्हें एक परिचय पत्र दिया। वह दिल्ली चले गये और 'वीर अर्जुन' के संवाददाता के रूप में काम करने लगे। इस पत्र में भी वह नकली नाम (बलवन्त सिंह) से कार्य करने लगे। अकाली आन्दोलन वापस ले लिए जाने पर वह पुनः लाहौर लौट आये।

अन्य राजनीतिक एवं सामाजिक कार्यकलाप :

लाहौर लौटने पर भी उत्तर प्रदेश के क्रान्तिकारियों से उनका सम्बन्ध बना रहा। 'हिन्दुस्तान रिपब्लिकन एसोसियेशन' के सदस्यों द्वारा पार्टी के लिए धन इकट्ठा करने के लिए 1 अगस्त, 1925 को हरदोई से लखनऊ जा रही 8 डाउन गाड़ी में डाका डाला और काकोरी नामक स्थान पर इसमें से सरकारी खजाना लूट लिया गया। यही घटना भारतीय इतिहास में काकोरी काण्ड के नाम से जानी जाती है। इस डाके में कुछ क्रान्तिकारी पकड़े गये थे। इन्हें जेल से छुड़ाने के लिए एक योजना बनाई गई थी। इस योजना में भाग लेने के लिए भगत सिंह नवम्बर 1925 में कानपुर भी गये, किन्तु भेद खुल जाने के कारण यह योजना कार्यरूप में परिणत न हो सकी। इसी तरह की एक अन्य योजना जनवरी–फरवरी 1926 में भी बनी। इसमें भी भगत सिंह शामिल हुए, किन्तु यह योजना भी सफल न हो सकी। लाहौर में उनका सम्बन्ध सोहन सिंह जोरा द्वारा स्थापित 'कीरती' किसान पार्टी से भी रहा, इस दल के समाचार पत्र 'कीरती' में उनके लेख छपते रहते थे।

नौजवान भारत सभा का गठन :

लाहौर में उन्होंने अपने मित्रों तथा समान विचारधारा वाले उन राजनीतिक कार्यकर्ताओं को एकत्रित किया। अपने लक्ष्यों को प्राप्त करने के लिए एक संस्था का संगठन करने के लिए विचार–विमर्श किया। पर्याप्त विचार–विमर्श के बाद मार्च 1926 में उन्होंने 'नौजवान भारत सभा' का गठन किया। यद्यपि भगत सिंह ही इसके वास्तविक संस्थापक थे, तथापि इसका अध्यक्ष श्री रामकृष्ण बी ए. को बनाया गया और भगत सिंह इसके मन्त्री बने। भारतीय संस्कृति का प्रचार, स्वदेशी को प्रात्साहन, भारतीय भाषाओं की उन्नति, सादे जीवन की शिक्षा, शारीरिक स्वास्थ्य शिक्षा, सामाजिक विषयों पर वाद–विवाद आदि सामयिक विषय इस संस्था के मुख्य उद्देश्य थे। तत्कालीन भारत सरकार के गृहमन्त्रालय ने सन् 1930 में इन कार्यक्रमों की प्रशंसा की थी। 'कीरती किसान

पार्टी' तथा 'हिन्दुस्तान रिपब्लिकन एसोसियेशन' से भी इस संगठन का सम्पर्क था।

यह एक धर्म निरपेक्ष संस्था थी। इसका सदस्य बनने से पहले प्रत्येक व्यक्ति को एक सौगन्ध लेनी पड़ती थी कि वह देश के हितों को अपनी जाति तथा अपने धर्म के हितों से बढ़कर मानेगा। लाहौर, अमृतसर, जालन्धर, लुधियाना, मोंटगुमरी, मोरिण्डा, मुल्तान, अटक, सरगोधा और स्यालकोट, पंजाब के विभिन्न जिलों में इस संगठन की शाखाएँ थीं। रामकिशन, शार्दूलसिंह कवीश्वर, भगवतीचरण वोहरा, केदारनाथ सहगल, मीर अब्दुल मजीद, डॉ. सत्यपाल, सैफुद्दीन किचलू, पिण्डी दास और शायर लालचन्द फलक इस संगठन के महत्वपूर्ण सदस्य थे। इसके उद्देश्य निम्नलिखित थे–

(क) सम्पूर्ण भारत में श्रमिकों तथा किसानों के एक पूर्ण स्वतन्त्र गणराज्य की स्थापना।

(ख) एक संयुक्त भारतीय गणराज्य के लिए देश के युवकों में देशभक्ति की भावनाओं को जगाना।

(ग) साम्प्रदायिकता रहित सभी सामाजिक, आर्थिक तथा औद्योगिक आंदोलनों के साथ सहानुभूति रखना और एक आदर्श किसानों एवं मजदूरों के सम्पूर्ण स्वतंत्र गणराज्य प्राप्ति के नजदीक ले जाने वाले आंदोलनों को समर्थन देना।

(घ) श्रमिकों तथा कृषकों को संगठित करना।

इससे स्पष्ट हो जाता है कि यह संगठन कार्ल मार्क्स के समाजवादी सिद्धान्तों पर आधारित था। शायद इसकी प्रेरणा रूस की 1917 की महान् क्रान्ति से मिली थी। इस संगठन के योग्यतम सदस्यों में से हिन्दुस्तान रिपब्लिकन एसोसियेशन के सदस्य चुने जाते थे। 'हिन्दुस्तान रिपब्लिकन एसोसियशन' ही बाद में 'हिन्दुस्तान समाजवादी रिपब्लिकन ऐसोसियेशन' के नाम से जानी गयी।

लाहौर विद्यार्थी यूनियन :

जून 1928 में भगत सिंह विद्यार्थी यूनियन बनायी। यह यूनियन नौजवान भारतीय सभा की ही विद्यार्थियों की एक शाखा थी। इसका संगठन क्रान्तिकारी सदस्यों के भर्ती केन्द्र के रूप में किया गया था।

सभा में भी अधिकतर विद्यार्थी ही भर्ती किये जाते थे। सभा ने करतार सिंह सराभा के फांसी दिवस की स्मृति में, 9 अगस्त, 1925 को हुए काकोरी काण्ड के शहीद रामप्रसाद बिस्मिल, अशफाकउल्ला खाँ, रोशन सिंह लाहिड़ी तथा

अन्य शहीदों की स्मृति में लाहौर के ब्रैडलॉफ हॉल में शहीद दिवस मनाया था, जिसमें भगत सिंह ने रामप्रसाद बिस्मिल की मर्मस्पर्शी कथा सुनाई थी। सभा हिन्दुओं, मुसलमानों तथा अछूतों के छूआछूत, जात–पात, खान–पान आदि संकीर्ण विचारों को मिटाने के लिए संयुक्त भोजों का भी आयोजन करती थी। फजल, मंसूर इलाही आदि मुसलमान सदस्यों ने मुस्लिम समाज की कुप्रथाओं के विरोध में अनेक लेख लिखे। प्रिंसिपल छबील दास ने हिन्दू समाज के जातिवाद का जमकर विरोध किया। सभा के खुले अधिवेशनों के अलावा कुछ गुप्त सभाएँ भी होती थीं। इसकी गुप्त गतिविधियाँ तथा इसके द्वारा बांटे जाने वाले पर्चे शीघ्र ही सरकार की निगाहों में आ गये। मई 1930 में इसे गैर कानूनी घोषित कर दिया गया। काकोरी काण्ड के दो क्रान्तिकारी जोगेशचन्द्र चटर्जी तथा एस. एल. सान्याल कानपुर जेल में थे। इन्हें जेल से मुक्त कराने का भगत सिंह ने भरसक प्रयत्न किया, किन्तु इस कार्य में उन्हें सफलता नहीं मिली। इस असफलता से वह दुःखी अवश्य हुए, परन्तु उन्होंने हार नहीं मानी। पुनः पहले की तरह क्रियाशील बने रहे।

गिरफ्तारी :

सरकार भगत सिंह की प्रत्येक गतिविधि पर नजर रखे हुए थी, किन्तु उसे कोई बहाना ही नहीं मिल रहा था कि उन्हें गिरफ्तार कर सके। उसे यह बहाना 1927 के दशहरे के दिन मिल गया। भगत सिंह उस समय तितली बाग से लौट रहे थे। इस बाग में अनेकों प्रकार की तितलियाँ होती थीं। भगत सिंह को लाल परों वाली एक तितली विशेष रूप से पसन्द थी। यह तितली नींबू एवं सन्तरे के पेड़ो पर इधर–उधर मँडराती हुई उन्हें मन्त्रमुग्ध–सा कर देती थी। जब वह बाग से लौट रहे थे कि किसी ने दशहरे की भीड़ पर बम फेंक दिया। इस दुर्घटना में 12 व्यक्तियों की मृत्यु हुई तथा 56 घायल हुए। इस पर पुलिस ने दंगा कराने के अपराध में भगत सिंह को गिरफ्तार कर लिया। जबकि क्रान्तिकारी इस प्रकार की वारदातों के एकदम विरुद्ध थे। वास्तव में बम चन्नणदीन नामक एक व्यक्ति ने फेंका था, जो पुलिस का ही आदमी था। उसकी मृत्यु बाद में साँप के काटने से हुई थी। यह सारा काण्ड पुलिस के इशारे पर हुआ था। पुलिस काकोरी काण्ड के क्रान्तिकारियों के विषय में जानने के लिए भगत सिंह को गिरफ्तार करना चाहती थी।

एक महीने तक बिना मुकदमा चलाए उन्हें लाहौर जेल में रखा गया तथा

बाद में वास्टल जेल भेज दिया गया। उनके विरुद्ध झूठा केस बनाने तथा साक्ष्य एकत्रित करने के लिए पुलिस ने भरसक प्रयत्न किये, किन्तु उसे सफलता नहीं मिली। अन्त में उन्हें साठ हजार रुपयों की जमानत पर रिहा कर दिया गया। इसके बाद न तो उन पर मुकदमा चलाया गया और न उनकी जमानत ही रद्द की गयी। तब भगत सिंह ने अपने जमानत कर्ताओं से कहा कि वे सरकार से कहें कि या तो मुकदमा चलाया जाये अथवा जमानत रद्द की जाये। अतः 1928 में उनकी जमानत रद्द कर दी गयी।

जमानत के दिनों भी भगत सिंह अपनी राजनीतिक गतिविधियों को चोरी–छिपे बनाए हुए थे। जमानत हो जाने पर उन्हें आजादी से घूमने का अवसर मिल गया। इन्हीं दिनों कुछ अंग्रेज सरदार किशन सिंह के फार्म पर शिकार खेलने आये। उनसे ज्ञात हुआ कि एक देशभक्त परिवार का पुत्र होने तथा लाहौर में अपनी राजनैतिक गतिविधियों के कारण भगत सिंह सरकार की नजरों में आ गये हैं। सरकार का ध्यान हटाने के लिए सरदार किशन सिंह ने उनके लिए एक डेरी फार्म खोल दिया। डेरी फार्म में भगतसिंह का एक नया ही रूप देखने को मिलता है। वे सुबह चार बजे उठ जाते, भैसों का दूध दूहते, दिन निकलते ही दूध तांगे में रखकर लाहौर के लिए चल पड़ते तथा सारा लेन–देन एक कुशल व्यापारी की तरह सम्पन्न करते। किसी दिन नौकर के न होने पर स्वयं ही गोबर भी उठाते। जमानत होते ही उनका ध्यान डेरी से हट गया। ग्राहकों के पास समय से दूध न पहुंचने पर अन्ततः डेरी को बन्द कर देना पड़ा। भला कहाँ भारत माँ का एक सच्चा सपूत क्रान्तिकारी और कहाँ डेरी का व्यवसाय। जमानत के दिनों में भी डेरी रात में इसी प्रकार की राजनीतिक गतिविधियों का केन्द्र बन जाती थी।

क्रान्तिकारियों का दिल्ली सम्मेलन :

देशभर के क्रान्तिकारियों ने जुलाई 1928 में दल को पुनः संगठित करने के लिए एक सम्मेलन बुलाने का निश्चय किया। अतः सम्मेलन इसी वर्ष अगस्त या सितम्बर में फिरोजशाह किले के खण्डहर में हुआ। (यह सम्मेलन वास्तव में किस दिन हुआ, इस विषय में विभिन्न पुस्तकों में अलग–अलग वर्णन है। कुछ पुस्तकों में केवल इतना ही लिखा मिलता है कि यह सम्मेलन सितम्बर 1928 में हुआ, कुछ में 8–9 सितम्बर की तिथि लिखी है तथा कुछ अन्य पुस्तकों के अनुसार यह 8 अगस्त को हुआ। पुलिस के रिकार्ड के अनुसार यह मीटिंग कोटला फिरोजशाह में 8 अगस्त 1928 को रखी गयी थी।)

इस सम्मेलन के उत्तर प्रदेश, पंजाब, राजस्थान, बिहार इन चार राज्यों के क्रान्तिकारियों ने भाग लिया था। भगत सिंह, सुखदेव, यशपाल, राजगुरु, महावीर सिंह, विजयकुमार सिन्हा, सुरेन्द्र पाण्डे, भगवतीचरण, ब्रह्मदत्त, जतीन्द्रनाथ दास, शार्दूल सिंह, तथा मोहनसिंह जोश जैसे प्रसिद्ध क्रान्तिकारी इसमें उपस्थित थे। कुल साठ क्रान्तिकारियों ने इसमें भाग लिया, जिनमें पाँच महिलाएं भी थी। भगत सिंह इस सम्मेलन के मन्त्री थे बैठक रात में हुई। चन्द्रशेखर आजाद इस मीटिंग में नहीं आ पाये थे। भगत सिंह और शिव वर्मा उनसे पहले ही मिल चुके थे। उन्होंने आश्वासन दे दिया था कि इस बैठक में बहुमत से जो भी निर्णय होगा, वह उन्हें मान्य होगा। बंगाल के क्रान्तिकारियों को भी इसमें बुलाने के लिए शिव वर्मा गये थे, किन्तु उनका रुख सहयोग देने का न रहा। उन्होंने सशर्त इसमें आना चाहा। उनकी पहली शर्त यह थी कि सभी प्रान्तों के क्रान्तिकारी अनुशीलन दल के नेता के अनुशासन में रहेंगे। दूसरी शर्त के अनुसार अभी केवल सदस्यों की भर्ती तथा रुपया एवं हथियार ही जमा करने का काम करना था, किन्तु क्रान्तिकारियों का यह नया संगठन दल में व्यक्तिगत तानाशाही के सर्वथा विरुद्ध था। अतः इस प्रकार के तानाशाही नेताओं को इस सम्मेलन से दूर ही रखा गया। इस बैठक में क्रान्ति के पश्चात् देश के लिए समाजवादी सिद्धान्तों को स्वीकार किया गया। भगत सिंह के परामर्श पर 'हिन्दुस्तान रिपब्लिकन ऐसोसिएशन' का नाम बदलकर 'हिन्दुस्तान सोशलिस्ट रिपब्लिकन ऐसोसिएशन' रख दिया गया। इसी के अधीन एक नये सेल की स्थापना की गयी, जिसका नाम 'हिन्दुस्तान सोशलिस्ट रिपब्लिकन ऐसोसिएशन आर्मी' रखा गया। चन्द्रशेखर आजाद इसके कमाण्डर–इन–चीफ चुने गये। एक अखिल भारतीय केन्द्रीय कार्यकारिणी बनायी गयी। भगत सिंह, सुखदेव, विजय कुमार सिन्हा, जतीन्द्र नाथ, चन्द्रशेखर तथा कुन्दनलाल इसमें शामिल किये गये। कोई भी कार्य पर केन्द्रीय कार्यकारिणी ही सर्वप्रथम विचार करेगी, ऐसा निर्णय लिया गया। सभी प्रान्तों के क्रान्तिकारियों से सम्बन्ध बनाये रखने के लिए एक अन्तःप्रान्तीय समिति भी बनायी गयी। इसका उत्तरदायित्व भगत सिंह तथा विजय कुमार सिन्हा को सौंपा गया। सुखदेव को पंजाब का, शिव वर्मा को संयुक्त प्रान्त (उत्तर प्रदेश) का, कुन्दनलाल को राजस्थान का तथा फणीन्द्रनाथ को बिहार का संगठनकर्ता बनाया गया। हथियारों एवं कोश को केन्द्रीय कार्यकारिणी के अधिकार में रखा गया। तय किया गया कि जिस प्रान्त में आवश्यकता पड़ने पर हथियार भेजे जाएँ, कार्य हो जाने पर हथियारों को पुनः केन्द्रीय समिति को ही लौटा दिया जाये। इसके साथ ही

निम्नलिखित निर्णय लिए गये--

(क) साइमन कमीशन के बहिष्कार में बढ़–चढ़कर भाग लिया जायेगा तथा उसे ले जानेवाली गाड़ी में बम डाला जायेगा।

(ख) कलकत्ता, सहारनपुर, आगरा तथा लाहौर में बम बनाने के कारखाने खोले जाएँगे।

(ग) एक बम बनाने में निपुण व्यक्ति की खोज की जाये; जो दल के सदस्यों को बम बनाने का प्रशिक्षण दे सके।

(घ) काकोरी काण्ड का भेद खोलनेवालों की हत्या की जायेगी तथा योगेशचन्द्र चटर्जी को जेल से छुड़ाया जायेगा।

(ङ;) धन एकत्रित करने के लिए डाके डाले जायें। जहां तक सम्भव हो सरकारी खजाने ही लूटे जायें।

इस मीटिंग के बाद दल का मुख्य कार्यालय आगरा से झांसी ले आया गया। काकोरी काण्ड के बाद भी यह कार्यालय इसी स्थान पर स्थित था।

इस बैठक के बाद भगत सिंह अपने साथियों सहित भटिण्डा होते हुए पंजाब के लिए चल पड़े। पुलिस स्थान–स्थान पर सादे कपड़ों में क्रान्तिकारियों की खोज कर रही थी। दिल्ली में उन्होंने पंजाब पुलिस के सिपाही के कपड़े पहन लिए। उनका एक साथी आगे और एक पीछे इस प्रकार चल रहा था, मानों वे उन दोनों को अपने साथ ले जा रहे हों। वे भटिण्डा जाने वाली गाड़ी में बैठ गये। गाड़ी चलने में अभी दस मिनट की ही देरी थी कि एक थानेदार आ गया और उनसे पूछने लगा–

"आप कहाँ जा रहे हैं?"

"फिरोजपुर" भगतसिंह ने उत्तर दिया।

"थाना कौन सा है?"

"निहालसिंह वाला।"

"तुम्हारी पेटी का नम्बर क्या है?"

"देखिये 234050।"

"रेलवे पास।"

"मेरा साथी उसे बदलवाने के लिए गया है।"

"आपका नाम?"

"करतार सिंह।"

"तुम आये किस काम के लिए थे?"

"कैदियों को छोड़ने के लिए।"

थानेदार को भगतसिंह की बातों पर विश्वास नहीं आया। अतः पता करने के लिए टिकट घर पहुँचा, यह जानने के लिए कि क्या वास्तव में किसी पंजाब पुलिस वाले का पास बदला गया है। उसके जाते ही भगत सिंह ने शौचालय में घुसकर पुलिस वर्दी उतारकर साधु का वेष बना लिया तथा हाथ में गीता लेकर दूसरे डिब्बे में बैठ गया। गाड़ी चल पड़ी। अगले स्टेशन में वही थानेदार गाड़ी रुकने पर हर डिब्बे को बड़ी सावधानी से देख रहा था, किन्तु वह उन्हें पहचान नहीं सका। सौभाग्य से वह सकुशल भटिण्डा पहुँच गये।

(3)
साईमन कमीशन का बहिष्कार लाला लाजपत राय की मृत्यु

सन् 1919 से लागू शासन सुधार अधिनियमों की जांच के लिए इंग्लैंड से एक कमीशन भारत आ रहा था। अतः 8 नवम्बर, 1927 को वाइसरॉय ने घोषणा की कि एक सात सदस्यों वाला कमीशन लार्ड साईमन के नेतृत्व में भारत आयेगा, जो इंग्लैंड की सरकार को यहाँ के शासन की प्रगति की रिपोर्ट देगा। भारत 1924 से ही साम्प्रदायिक दंगों में जल रहा था। अपने कलकत्ता अधिवेशन में काँग्रेस पहले ही इसके बहिष्कार का फैसला कर चुकी थी। फरवरी, 1928 में यह कमीशन बम्बई पहुँचा। उस दिन सारे देश में हड़ताल की गयी और 'साईमन! वापस जाओ' के नारे लगाये गये। इस प्रकार के प्रदर्शनों से अंग्रेज सरकार हैरान रह गई। इस प्रकार के प्रदर्शनों और नारों से काले झण्डे दिखाकर दिल्ली और मद्रास में भी साईमन कमीशन का विरोध किया गया। मद्रास में पुलिस की गोली से तीन प्रदर्शनकारियों की मृत्यु हुई। कलकत्ता में भी विशाल प्रदर्शन हुए। इस कमीशन में कोई भी भारतीय सदस्य नहीं था। अतः लगभग सभी राजनीतिक दलों ने इसमें भाग लिया। एक प्रकार से सारा देश ही इस कमीशन के विरोध में उठ खड़ा हुआ था।

कमीशन का लाहौर में बहिष्कार :

क्रान्तिकारियों की फीरोजशाह कोटला दिल्ली की सभा में ही बम फेंकने की योजना बन चुकी थी, किन्तु दल के पास पैसे का अभाव था। इसी बीच दल का एक सदस्य कैलाशपति, जो गोरखपुर के डाकखाने का कर्मचारी था, डाकखाने से एक हजार आठ सौ रुपये उठाकर फरार हो गया, उसने यह पैसा दल की केन्द्रीय कार्यकारिणी को दे दिया, इस छोटी–सी पूंजी से ही काम चलाया जा रहा था। अतः बम की योजना सफल न हो सकी। दल की लाहौर शाखा को निर्देश मिला कि साईमन कमीशन के विरोध में विभिन्न राजनीतिक दलों के साथ

भगत सिंह-2

मिलकर विशाल प्रदर्शन किया जाए।

साईमन कमीशन 30 अक्टूबर, 1928 को लाहौर पहुँचा। सभी दलों के जुलूस का नेतृत्व लाला लाजपत राय कर रहे थे। भगत सिंह स्वयं लालाजी के पास आ गये और उनसे अपने दल के युवकों की टोली को आगे रखने की आज्ञा प्राप्त कर ली। क्रान्तिकारियों ने उनके चारों ओर एक घेरा जैसा बना लिया। एक युवक ने उनके ऊपर छाता तान लिया। सब के हाथें में काले झण्डे थे और वे 'साईमन वापस जाओ' तथा 'इन्कलाब जिन्दाबाद' आदि. नारे लगाते हुए आगे बढ़ रहे थे।

समुद्र के समान अथाह भीड़ आगे बढ़ती जा रही थी और उधर सरकार ने भी इसे अपनी प्रतिष्ठा का प्रश्न बना लिया था। कोई भी हार मानने को तैयार नहीं था।

लालाजी पर लाठी का प्रहार और उनकी मृत्यु :

इतने में लाहौर का पुलिस अधीक्षक मिस्टर स्कॉट अपने सहायकों के साथ वहां पर आया। उसने विशाल भीड़ को देखकर अनुमान लगा लिया कि कमीशन को अपमानपूर्ण व्यवहार से बचाने के लिए प्रर्दशनकारियों को वहां से हटाना आवश्यक है। इसलिए उसने अपने एक विश्वास पात्र सहायक अधीक्षक मिस्टर साण्डर्स को यह कार्य सौंपा। पहले भीड़ को तितर–बितर करने के लिए पुलिस ने हल्का लाठी चार्ज किया, परन्तु नवयुवकों पर इसका कोई प्रभाव नहीं पड़ा। इसके बाद साण्डर्स भीड़ पर भूखे भेड़िये के समान टूट पड़ा। उसने पहला वार लाला लाजपत राय की छतरी पर किया दूसरा उनके कन्धे पर और तीसरा सिर पर। फिर स्काट ने स्वयं लाठी लेकर निर्दयता से लालाजी को पीटना प्रारम्भ कर दिया। उनके सिर पर गहरी चोंटें आयीं, वे लहूलुहान हो गये, अन्य अनेक लोग भी घायल हुए भगत सिंह सब कुछ अपनी आंखों से देख रहे थे। उनके क्रोध की कोई सीमा न थी, किन्तु लालाजी के संकेत पर वह चुप ही रहे। युवक अभी भी घेरा नहीं उठाना चाहते थे। पर लालाजी ने आज्ञा दे दी कि पुलिस के इस अमानवीय बर्बर व्यवहार के विरोध में प्रर्दशन को स्थगित कर दिया जाए। अतः युवकों को उनकी आज्ञा पर ऐसा करना पड़ा।

उसी शाम कमीशन के विरोध में लाहौर मोरी दरवाजे के मैदान में एक सभा हुई। सभा में पुलिस उप अधीक्षक नील भी खड़ा था। घायल लालजी ने पुलिस के इस व्यवहार की निन्दा करते हुए अपना भाषण किया– "जो सरकार निहत्थी

जनता पर इस तरह के क्रूर हमले करती है, उसे सभ्य सरकार नही कहा जा सकता और ऐसी सरकार कायम नहीं रह सकती। मैं आज घोषणा करता हूँ कि इस सरकार की पुलिस ने मुझ पर जो वार किया है वह एक दिन इस सरकार को ले डूबेगा, मुझ पर जो लाठियाँ बरसाई गई, वे भारत में ब्रिटिश शासन के कफन में आखिरी कील साबित होंगी।"

इसके बाद तुरन्त लालाजी को अस्पताल ले जाया गया। इसके 18 दिन बाद 17 नवम्बर, 1928 को उनका देहान्त हो गया। भगत सिंह की दृष्टि में लालाजी की मृत्यु समूचे राष्ट्र का अपमान थी, उनके मत में इसका बदला केवल 'खून के बदले खून' से ही लिया जा सकता था। इंग्लैंड की संसद के निचले सदन में भी यह मामला उठा। सदन के एक सदस्य कर्नल वेजवुड ने सरकार से इस विषय में अपना स्पष्टीकरण देने को कहा, किन्तु सरकार ने इस हत्या के लिए स्वयं को जिम्मेदार नहीं माना, सरकार ने अपना थोथा तर्क दिया—"इस प्रकार का कोई प्रमाण प्रस्तुत नहीं किया गया है, जिससे यह सिद्ध हो कि लाला लाजपत राय की मृत्यु उस अवसर पर चोट लगने से हुई।" इस विषय में न्यायिक जाच की मांग तथा लाला लाजपत राय के सम्बन्धियों द्वारा आम माफी की मांग भी ठुकरा दी गयी। इस सबसे अंग्रेज सरकार को नंगा चेहरा सबके सामने आ गया।

साण्डर्स का वध :

लाला लाजपत राय की हत्या का बदला लेने के लिए 'हिन्दुस्तान सोशलिस्ट रिपब्लिकन आर्मी' की एक बैठक 10 दिसम्बर, 1928 की रात लाहौर में हुई। इसमें भगत सिंह, चन्द्रशेखर आजाद, महावीर सिंह, सुखदेव, राजगुरु, जयगोपाल, किशोरीलाल तथा दुर्गा देवी भी उपसिथत थे, भगत सिंह ने देश की दयनीय दशा का वर्णन किया और कहा, ''पूरे देश में तनाव की स्थिति है, बंगाल के दल ने काफी काम किया है। उन्होंने कुछ अधिकारी खत्म कर दिये हैं। अंग्रेज भयभीत हो गये हैं। परिणामस्वरूप उन्होंने अपने परिवारों को ब्रिटेन भेजना प्रारम्भ कर दिया है। कुछ दिनों बाद वे महसूस करेंगे कि भारत उनके अधिकार में नही रहेगा। लालाजी की शहादत ने कांग्रेसियों के मनो को कंपा दिया है। पण्डित जवाहरलाल नेहरू आने वाले कांग्रेस अधिवेशन में अपनाए जाने के लिए कुछ ठोस योजनाएँ बना रहे हैं, किन्तु मुझे विश्वास नहीं कि वह कुछ कर पायेंगे। दूसरी ओर नौजवानों का खून खौल रहा है।'

इस सभा की अध्यक्षता चन्द्रशेखर आजाद कर रहे थे। उन्होंने सदस्यो को सम्बोधित करते हुए कहा "साथियों! हम ब्रिटिश साम्राज्य से स्वतंत्रता का युद्ध लड़ रहे हैं। शत्रु की सेना, उनके अस्त्र-शस्त्र तथा युद्ध की अन्य सामग्री असीमित है। परन्तु इसके विपरीत हमारे पास केवल बलिदान की भावना तथा लोकमत है। यही हमारे शस्त्र हैं और यही हमारी शक्ति है।"

इसके आगे भगत सिंह फिर बोले, "केवल अकेले स्कॉट को ही नहीं, हमें अन्य कई अंग्रेजों को मौत के घाट उतारना होगा। राज्यपाल को जिन्दा नहीं रहने दिया जाएगा। एक हिन्दुस्तानी की हत्या का बदला दस अंग्रेजों को मौत के घात उतारकर लिया जाएगा। तभी दुश्मन को सबक मिलेगा।"

दुर्गा देवी ने स्कॉट को मारने का सुझाव दिया। इस पर सबसे पहले भगत सिंह ने कहा, "उसे मेरे हाथों मरना चाहिए," इसके बाद राजगुरु सुखदेव, जयगोपाल और दुर्गा देवी ने इस काम को करने के लिए स्वयं को प्रस्तुत किया। दुर्गा देवी से चन्द्रशेखर आजाद ने कहा, "स्त्रियों को इस कार्य में भाग नहीं लेना चाहिए और न उन्हें ऐसा कार्य सौंपा जाएगा। उनकी सहायता बाद में क्रान्तिकारियों को बाहर निकालने में ली जायेगी।"

अतः भगत सिंह, राजगुरु, सुखदेव, आजाद और जयगोपाल को ही यह कार्य सौंपा गया। जयगोपाल को एक सप्ताह तक स्कॉट पर नजर रखने का काम सौंपा गया, जिससे यह पता लग सके कि वह कहाँ-कहाँ जाता है, क्या काम करता है तथा कौन-कौन से रास्ते में जाता है। इसके बाद 15 दिसम्बर, 1928 के दिन दूसरी मिटिंग हुई। इसमे जयगोपाल ने मिस्टर स्कॉट की सभी गतिविधियों की जानकारी दी। फिर स्कॉट की हत्या की योजना बनी। प्रत्येक को अलग-अलग कार्य सौंपा गया। जयगोपाल को स्कॉट के कार्यालय के बाहर खड़ा रहना था और उसके कार्यालय से बाहर आने पर रूमाल के संकेत देना था। राजगुरु और भगतसिंह को इस संकेत पर स्कॉट के ऊपर गोली चलानी थी। आजाद और सुखदेव का काम था कि जब राजगुरु एवं भगतसिंह स्कॉट पर गोली मारकर भागें तो उन्हें कोई देखने न पाये। आजाद एवं सुखदेव इस कला में माहिर थे। इसमें दुश्मन को गोलियां चलाकर अपना सिर जमीन की ओर झुकाए रखने के लिए विवश कर दिया जाता है।

17 दिसम्बर, 1928 को दोपहर जयगोपाल को पुलिस कार्यालय पर स्कॉट को निगरानी के लिए भेज दिया गया। जयगोपाल स्कॉट के हर काम पर नजर रख रहा था। अन्य साथी भी अपने-अपने कार्य को पूरा करने के लिए चल

पड़े। स्कॉट का कार्यालय पंजाब सिविल मन्त्रालय में था। जयगोपाल ने शायद स्काट को देखा ही नहीं था। वह साण्डर्स को ही स्कॉट समझ बैठा था। सभी साथी अपने–अपने स्थानों पर तैयार थे। जयगोपाल पुलिस कार्यालय के अहाते के पास ही एक साईकिल लेकर ऐसे खड़ा था मानों साइकिल खराब हो गई हो। साईकिल रखने का एक कारण यह भी था कि यदि पहली बार गोली चूक जाये, तो साईकिल पर बैठकर उसका पीछा किया जाये तथा फिर गोली मार दी जाये। भगत सिंह और राजगुरु कार्यालय के गेट से कुछ हटकर खड़े थे। आजाद कार्यालय के ठीक सामने डी. ए. वी. कालेज के अहाते के अन्दर खड़े थे। गोली मारकर भगत सिंह और राजगुरु को भी वहीं से होते हुए कालेज के हॉस्टिल मे जाना था। आजाद के पास माउजर पिस्तौल थी, जिससे राईफल की तरह सीने पर टिकाकर साधारण पिस्तौल से अधिक दूरी तक निशाना लगाया जा सकता था। आजाद की जेब में दो भरी हुई मेग्जीने थीं। पहले ही लिखा जा चुका है कि जयगोपाल ने भूल से सार्ण्डस को ही स्कॉट समझ लिया था। साण्डर्स ज्यो ही कार्यालय से बाहर निकला जयगोपाल ने इशारा किया। वह धीरे–धीरे फाटक पर पहुंचा ही था कि राजगुरु ने बड़ी ही फुर्ती से उसकी गर्दन मे गोली मार दी। उसी गोली से एक हल्की सी चीख के साथ साण्डर्स अपनी मोटर साईकिल सहित गिर पड़ा। तुरन्त ही भगतसिंह ने भी चार–पांच गोलिया उसके भेजे में उतार दीं। और दोनों कालेज के अहाते की ओर दौड़ पड़े।

एक पुलिस हेड कान्स्टेबल सारी घटना को देख रहा था, किन्तु उसे आगे बढ़ने या कुछ कहने का साहस नहीं हुआ। जब भगत सिंह और राजगुरु भागने लगे, तब वह शोर मचाने लगा। उसका शोर सुनकर एक ट्रैफिक इन्सपेक्टर दो दूसरे सिपाही, भगत सिंह तथा राजगुरु की ओर भागे। भगतसिंह ने मुड़कर गोली चला दी। फर्न बचने के लिए झुका और गिर पड़ा, उसे गोली न लगी। अन्य सिपाही भी सहम पड़े। आजाद बोले, चलो। भगत सिंह एवं राजगुरु चल पड़े। आजाद रास्ता रोके वहीं पर खड़े रहे। एक हेड कान्स्टेबल भगत सिंह के पीछे भागा। आजाद ने उसे चेतावनी दी "खबरदार पीछे हटो।" दो सिपाही तो रुक गये, किन्तु चन्दन सिंह नहीं रुका। आजाद की एक ही गोली ने उसका काम तमाम कर दिया। फिर किसी ने पीछा नहीं किया। तीनों साथी कालेज के हॉस्टिल में चले गये। फिर थोड़ी देर वहा रुकने के बाद वे पिछले दरवाजे से निकल गये। पंजाब सरकार ने गृह मन्त्रालय भारत सरकार को तार द्वारा सूचना दी–

"खेद सहित सूचित करना पड़ रहा है कि आज दोपहर बाद दो बजे दो नौजवानों ने पुलिस के सहायक अधीक्षक साण्डर्स पर गोली चलाई और उसकी तत्काल मृत्यु हो गयी। दोनों नवयुवक डी.ए.वी. कालेज के रास्ते से बचकर भाग निकले। खोज उसी समय से आरम्भ कर दी गयी, किन्तु अभी तक किसी को गिरफ्तार नहीं किया जा सका। पीछा करने वाला एक मुंशी भी मारा गया।

इस सूचना के बाद एक विस्तृत रिपोर्ट कुछ दिनों बाद भेजी गयी। इस घटना के दूसरे दिन हर जगह दीवारों पर गुलाबी रंग के पोस्टर चिपके थे, जिनमें लाल स्याही से लिखा हुआ था–

हिन्दुस्तान समाजवादी गणतन्त्र सेना

नोटिस

नौकरशाही सावधान

जे. पी. साण्डर्स की हत्या से लाला लाजपत राय की हत्या का बदला ले लिया।

यह विचार करने पर कितना दुःख होता है कि–"एक साधारण अफसर के दुष्ट हाथों से देश की तीस करोड़ जनता के सम्मानित एक नेता पर हमला कर उसकी हत्या कर दी गयी। यह राष्ट्र का अपमान और हिन्दुस्तानी नवयुवकों और पुरुषों के लिए एक चुनौती थी। आज दुनिया ने देख लिया कि भारत की जनता प्राणहीन नहीं है। भारतीयों का खून जमा नहीं है। वे देश की रक्षा के लिए अपने प्राणों की बाजी लगा सकते हैं। यह प्रमाण देश के उन युवकों ने दिया है, देश के नेता जिनकी निन्दा करते हैं।"

साण्डर्स की हत्या ने भगत सिंह को पूरे देश का एक प्रिय नेता या चहेता बना दिया। भगत सिंह के इस महान् कार्य की प्रशंसा करते हुए पण्डित जवाहरलाल नेहरू ने अपनी आत्मकथा में लिखा है–

"भगत सिंह एक प्रतीक बन गया। सांडर्स के कत्ल का कार्य तो भुला दिया गया, लेकिन चिन्ह शेष बना रहा और कुछ ही मासों में पंजाब का प्रत्येक गाँव और नगर तथा बहुत कुछ उत्तरी भारत उसके नाम से गूँज उठा। उसके बारे में बहुत से गीतों की रचना हुई है और इस प्रकार उसे जो लोकप्रियता प्राप्त हुई, वह आश्चर्यचकित कर देने वाली थी।"

लाहौर से बच निकलना :

डी. ए. वी. कालेज के छात्रावास से निकलने से पहले ही भगतसिंह ने अपने

केश और दाढ़ी कटवा ली तथा कपड़े भी बदल लिए। एक पैंट और सिर पर हैट अपने दोस्त से मांग लिए। दोस्त ने पूछा—"अब तुम कहाँ जाओगे?"

भगतसिंह ने का, "दुर्गा भाभी के घर।"

"उसके बाद?"

"मैं उनसे लाहौर छोड़ने के बारे में बात करूंगा।"

"फिर?"

"जहाँ भी जा पाऊंगा।"

"फिर भी कोई विचार तो होगा, कहाँ?"

"कुछ कह नहीं सकता। हो सकता है किसी जंगल या पहाड़ी में रहना पड़े।"

"खर्च के लिए पैसे?"

"मेरे पास दो सौ रुपये हैं।"

"मुझसे सौ रुपये और ले लो, मैं घर से मंगा लूँगा। तुम्हे बाहर रुपयों की जरूरत पड़ेगी।"

"ठीक है, दे दो।"

इसके बाद भगत सिंह वहां से निकल पड़े। यद्यपि उन्होंने अपना वेष बदल लिया था, फिर भी फर्न पर गोली चलाते समय कुछ सिपाहियों ने उन्हें देख लिया था। क्या पता कब कोई पहचान ले। अन्ततः एक नयी योजना बनाकर सुखदेव और भगत सिंह दुर्गा भाभी (प्रसिद्ध क्रान्तिकारी भगवती चरण वोहरा की पत्नी श्रीमती दुर्गा देवी) के घर पहुँचे। दुर्गा भाभी पड़ोस की एक महिला के साथ किसी अध्यापक से संस्कृत पढ़ रही थीं। सुखदेव ने उन्हें एक ओर बुलाकर कहा, "कहीं बाहर जा सकती हो?"

"कहाँ?... क्या काम है?" भाभी ने पूछा।

"इस घटना के एक आदमी को बचाकर लाहौर से निकालना है उसकी मेम साहब बनकर साथ जाना होगा.. खतरा है। सोच लो, गोली चल सकती है।" भाभी के चेहरे को गौर से देखते हुए सुखदेव ने कहा।

"कौन आदमी है?"

"चली जाऊँगी।"

"वह रात को यहीं रहेगा...इस पढ़ाई को समाप्त कर दो।"

"अच्छा।"

थोड़ी देरी के पश्चात् ओवर कोट हैट पहने एक लम्बा व्यक्ति एक नौकर के साथ वहाँ आया। उसे बिठाकर दुर्गा भाभी सुखदेव की ओर देखने लगी, जैसे

पूछना चाहती हों कि आखिर यह व्यक्ति है कौन! सुखदेव ने ही पूछा—"इसे पहचानती हो।"

अब भाभी ने ध्यान से देखा, "भगत...?"

भगतसिंह और सुखदेव दोनों हँसने लगे।

प्रातः पांच बजे कलकत्ता मेल से जाना तय हुआ। भगत सिंह साहब थे, जो गोद में भाभी के तीन वर्ष के बच्चे शची (श्री शचीन्द्रकुमार बोहरा) को लिए थे। उन्होंने अपना चेहरा आधा हैट से ढक लिया शची को अपने चेहरे की आड़ में लिए थे तथा ओवरकोट का कालर उठा हुआ था। जेब में भरा पिस्तौल रखा हुआ था। साथ में राजगुरु नौकर के वेश में थे। उनकी कमर में भी पिस्तौल बंधा था। भाभी भी मेम साहब के मेकअप में थी। सभी तांगे से लाहौर रेलवे स्टेशन पहुंचे। प्लेटफार्म पर सब जगह पुलिस घूम रही थी। भगत सिंह ने प्रथम श्रेणी का टिकट खरीदा और गाड़ी में बैठ गये। किसी को भी उन पर शक नहीं हुआ। गाड़ी चल पड़ी। इस प्रकार अंग्रेजों की आंखों में धूल झोंककर वह कलकत्ता पहुंच गये।

सारे देश की पुलिस साण्डर्स हत्याकाण्ड के क्रान्तिकारियों की खोज कर रही थी। इन दिनों कलकत्ता में कांग्रेस का अधिवेशन चल रहा था। अदम्य साहसी भगत सिंह गुप्त रूप में इस अधिवेशन में भी हो आये। पुलिस उन्हें पकड़ नहीं पायी। परन्तु गुप्तचरों द्वारा गृह विभाग को इसकी सूचना दे दी गयी थी कि कांग्रेस अधिवेशन के दौरान भगत सिंह कलकत्ता में दिखायी दिया था।

यहाँ यह बताना अनुचित न होगा कि जिस ट्रेन से भगत सिंह कलकत्ता के लिए रवाना हुए थे, उसी ट्रेन से आजाद भी लाहौर से निकल पड़े थे। इसलिए उन्होंने अपने साथियों को मथुरा के पंडे बना दिया था तथा स्वयं रामनामी चादर और हाथ में गीता लेकर उनके गुरु बने थे।

(4)

असेम्बली बम-काण्ड

कलकत्ता में भगत सिंह का परिचय अतुल गांगुली, प्रोफेसर ज्योतिषी घोष, फंणीन्द्र नाथ घोष और जे. एन. दास जैसे प्रसिद्ध क्रान्तिकारियों से हआ। यहाँ उन्होंने अपने दल का एक कार्यालय भी खोला। ये सभी कार्य रात में ही किये जाते थे, दिन भर वह सोते रहते थे। यहीं पर उन्होंने दिल्ली, आगरा और कानुपर केन्द्रों के लिए बम बनाने के लिए जतीन्द्रनाथ दास को सहमत कर लिया। इस काम का प्रारम्भ सर्वप्रथम कलकत्ता में कँवलनाथ तिवारी के घर पर बारूद बनाने से किया गया। कुछ दिन कलकत्ता में रहने के बाद वह गुप्त रूप से बंगाल तथा संयुक्त प्रान्त के क्रान्तिकारियों के क्षेत्रों में घूमते रहे। इसके बाद उन्होंने अपने कलकत्ता के साथियों की मदद से आगरा में बम बनाने की फैक्ट्री बनाई। अलग–अलग राज्यों के क्रान्किारियों ने यहाँ पहुचकर बम एवं बारूद बनाना सीखा। एक महीने की ट्रेनिंग के बाद वे अपने–अपने राज्यों में चले गये। वहाँ उन्होंने इसी प्रकार के कारखाने स्थापित किये ओर बम बनाना शुरू किया। सुखदेव ने लाहौर में तथा शिव वर्मा ने सहारनपुर में बम बनाने का कारखाना खोला। बमों के परीक्षण के लिए झांसी के पास एक जंगल को चुना गया। जहाँ भगत सिंह भी उपस्थित थे।

आगरा में भगत सिंह ने हींग मण्डी और नमक मण्डी में किराए पर दो मकान लिए। इन्हीं में बम बनाने के कारखाने लगाये गये तथा इन्हीं में उनके दल की बैठकें भी होती थीं। 'हिन्दुस्तानी समाजवादी गणतन्त्र संघ' की केन्द्रीय कार्यकारिणी की एक मीटिंग हींग मण्डी वाले मकान में हुई, यहां 'पब्लिक सेफ्टी बिल' तथा–'डिस्प्यूट्स बिल' पर चर्चा की गयी। यहां अपने विचारों को रखते हुए भगत सिंह बोले–"ब्रिटिश साम्राज्यवाद में न्याय के लिए कोई जगह नहीं है। ये गुलामों को बिना सांस लिए उन्हें कुचलना तथा लूटना और मारना चाहते हैं। यही नहीं इससे भी कठोर दमनकारी अधिनियम बनाये जायेंगे और मुंह से आवाज निकलते ही गोली का निशाना बना दिये जायेंगे। देखें अब आगे क्या होता है।"

ताराचन्द्र ने इस समस्या के हल के विषय में पूछा। भगत सिंह आगे बोले—"बलिदान? तभी असेम्बली के ब्रिटिश तथा भारतीय सदस्यों की आखें खुलेंगी।"

चन्द्रशेखर आजाद द्वारा "यह सब कैसे होगा?" यह पूछे जाने पर भगत सिंह ने केन्द्रीय असेम्बली में बम डालने का प्रस्ताव रखा। इस प्रस्ताव पर गम्भीरता से विचार—विमर्श किया गया। अन्त में इसे स्वीकार कर लिया गया। इसके लिए इस प्रकार की कार्य योजना बनायी गयी—

असेम्बली में प्रवेश पाने के लिए पासों का प्रबन्ध किया जाये। और अन्दर जाकर बम विस्फोट करने के बाद दमनकारी कानूनों तथा बिलों के विरोध में तीव्र आक्रोश प्रकट किया जाये तथा इसके प्रति अपनी अस्वीकृति व्यक्त की जाये। बम फेंकते समय इस बात का ध्यान रखा जाये कि किसी व्यक्ति के जीवन को कोई हानि न हो। 'इन्कलाब जिन्दाबाद' के नारे लगाये जायें और सदस्यों को अपनी बात समझाने के लिए पर्चे फेंके जायें। इसके बाद निर्धारित क्रान्तिकारी स्वयं को गिरफ्तार करा दें। बाद में न्यायालय को अपने विचारों से अवगत कराया जाये।

बम फेंककर भागने का भगत सिंह ने विरोध किया था। भगत सिंह समझते थे कि इसके बाद उन पर जो मुकदमा चलेगा, उससे भारत के युवकों को क्रान्तिकारियों के उद्देश्य का पता लगेगा। जब यह योजना बनी, तो भगत सिंह अड़ गये कि यह काम उन्हीं को सौंपा जाये। चन्द्रशेखर आजाद इसके विरुद्ध थे, क्योंकि भगत सिंह साण्डर्स वध में भाग ले चुके थे। पकड़े जाने पर उनके लिए फांसी निश्चित थी। विस्तार से विचार करने पर दल की केन्द्रीय कार्यकारिणी इसी निर्णय पर पहुंची कि इस कार्य के लिए भगत सिंह ही सबसे योग्य व्यक्ति थे। अतः विवश होकर आजाद को भी यह निर्णय मानना पड़ा। भगत सिंह के सहायक के रूप में बटुकेश्वर दत्त को चुना गया। योजना बनने के बाद मार्च और अप्रैल 1929 में भगत सिंह कई बार दिल्ली—आगरा आते जाते रहे। दिल्ली में वह 151 रोशनआरा मेंशन, बाजार सीताराम तथा बन्ता आश्रम कूँचा घासीराम में रुके थे। अप्रैल तारीख आठ की सुबह बटुकेश्वर दत्त तथा भगत सिंह ने कश्मीरी गेट दिल्ली के रामनाथ फोटोग्राफर से फोटो भी खिंचवाया था। यही फोटो 12 अप्रैल को लाहौर के 'वन्दे मातरम्' में, 18 अप्रैल को 'हिन्दुस्तान टाइम्स' में तथा 20 अप्रैल को 'द पायनियर' में छपा था। बम काण्ड के दो दिन पहले भगत सिंह तथा बटुकेश्वर दत्त घटना की रूपरेखा बनाने के लिए तथा

कौन कहा पर बैठता है, यह देखने के लिए असेम्बली में गये थे,। दिल्ली पुलिस अधीक्षक ने अपनी रिपोर्ट में लिखा है कि वे दोनों ही घटना से पूर्व 6 अप्रैल को आरम्भिक देखभाल के लिए असेम्बली में गये थे।

घटना के दिन 8 अप्रैल, 1929 को निश्चित समय पर दोनो ही असेम्बली के एक नामजद सदस्य की सिफारिस पर बने पासों की सहायता से असेम्बली में प्रवेश कर गये। नामजद सदस्य की सिफारिश होने के कारण उन पर किसी ने शक भी नहीं किया। यद्यपि असेम्बली के अधिकतर सदस्य प्रस्तुत बिलो के विरोध में थे तथा उन्हें पहले ही अस्वीकार कर चुके थे, इतना होने पर भी सरकार इन्हे लागू करने पर तुली हुई थी। इस दिन वायसराय के विशेष अधिकार पर इन्हें लागू करने की घोषणा होनी थी। अतः उस दिन असेम्बली में दर्शकों की बहुत अधिक भीड़ थी। बिल के विरोध में सदस्यों की प्रतिक्रिया जानने के लिए अनेक समाचार पत्रों के संवाददाता भी पहुँचे हुए थे। भगत सिंह तथा बटुकेश्वर दत्त भी पंक्ति में खड़े हो गये तथा बारी आने पर अन्दर चले गये। उन्हे गिरफ्तार करने वाले सार्जेण्ट टैरी के अनुसार दोनों ने खाकी रंग की नेकरें पहनी थी। भगत सिह ने नीला तथा बटुकेश्वर दत्त हल्का नीला कोट पहना था। अन्य गवाहों के अनुसार भगत सिंह फेल्ट हैट पहने हुए थे। दोनों ही सरलता से दर्शक दीर्घा में पहुंचे और बैठ गये। गैलरी जल्दी ही दर्शकों से भर गयी। सरकार के समर्थक कुछ सदस्यों ने कहना शुरू किया कि इसका पारित होना आवश्यक है। भारत के अशिक्षित नौजवान रूस द्वारा गुमराह किये जाने पर कम्युनिस्ट बन रहे हैं तथा अंग्रेजों के विरोध में विद्रोह करने पर तुले हुए है। इन सरकार के चमचों की बातों को सुनकर भगतसिंह औॅर दत्त ने एक दूसरे की ओर देखा, दोनों मुस्कराये। इसके बाद बिल की घोषणा की गयी। जैसे ही अध्यक्ष अपना निर्णय देने के लिए उठा, भगत सिंह अपने स्थान से उठे। उन्होंने एक बम असेम्बली के अध्यक्ष की बेंच के पीछे फेंका। श्री विट्ठल भाई पटेल तथा मोतीलाल नेहरू उसके पास ही बैठे थे। इस बात का पूरा ध्यान रखा गया कि किसी को चोट न आये। सभी सदस्य भयभीत और हक्के–बक्के रह गये। इतने में ही दूसरा बम भी फेंका गया। अध्यक्ष शूस्टर इतना अधिक भयभीत हो गया कि वह घबराकर अपनी मेज के पीछे जा छिपा। उसे और अधिक भयभीत करने के लिए भगत सिंह ने दो हवाई फायर किये।

पण्डित मोतीलाल नेहरू, विट्ठल भाई पटेल, मदनमोहन मालवीय तथा मुहम्मद अली जिन्ना शान्त भाव से अपने स्थानों पर बैठे रहे, किन्तु अन्य सदस्य

भाग खड़े हुए। कुछ गैलरी में चले गये; कुछ बाथरूम में जा छिपे। दर्शक दीर्घा भी खाली हो गयी। दोनो ने नारा लगाया 'इन्कलाब जिन्दाबाद'..'साम्राज्वाद का नाश हो'। पूरा हाल धुएँ से भर गया था। उसी के साथ ही पाटी के पर्चे बटुकेश्वर दत्त ने हाल में फेंके थे। वे इन पर्चों को आम जनता के हाथों में नहीं जाने देना चाहते थे, किन्तु फिर भी एक संवाददाता के धमाके के तुरन्त बाद किसी तरह एक पर्चा प्राप्त कर लिया। उसी शाम उसके समाचारपत्र में यह पर्चा प्रकाशित भी हो गया, जिसमें लिखा था—

'हिन्दुस्तान समाजवादी गणतन्त्र सेना'

'बहरों को सुनाने के लिए ऊँची आवाज की आवश्यकता होती है। फ्रांस के अराजकतावादी शहीद वेलों के ऐसे ही अवसर पर कहे गये इन अमर शब्दों से क्या हम अपना औचित्य सिद्ध कर सकते हैं?

शासन सुधारों के नाम पर ब्रिटिश हुकूमत द्वारा पिछले दस वर्षों से हमारा जो अपमान किया गया है, हम उस निन्दनीय कहानी को दोहराना नहीं चाहते। हम भारतीय राष्ट्र के नेताओं के साथ किये गये अपमानों का उल्लेख नहीं करना चाहते, जो इस असेम्बली द्वारा किये गए हैं, जिसे पार्लियामेण्ट कहा जाता है।

हम यह स्पष्ट कर देना चाहते हैं कि कुछ लोग साईमन कमीशन के द्वारा सुधारों के नाम पर जो जूठे टुकड़े मिलने की सम्भावना है, उनकी आशा लगाये हुए हैं और मिलने वाली ताजी हड्डियों के बंटवारे के लिए झगड़ा तक कर रहे हैं। इसी समय सरकार भी भारतीय जनता पर दमनकारी कानून लादती जा रही है। जैसे कि 'पब्लिक सेफ्टी बिल', ट्रेड डिस्प्यूट्स बिल'। इसी के साथ उसने 'प्रेस सिडीशय बिल' को असेम्बली के अगले अधिवेशन के लिए सुरक्षित रख लिया है। मजदूर नेता जो खुले रूप में अपना कार्य कर रहे थे, उनकी अन्धाधुन्ध गिरफ्तारियों से यह स्पष्ट हो जाता है कि सरकार का रुख क्या है।

इन बेहद उत्तेजक परिस्थितियों में 'हिन्दुस्तान समाजवादी गणतन्त्र संघ' ने पूर्ण गम्भीरता से अपना दायित्व अनुभव करते हुए अपनी सेना को यह कार्य करने का आदेश दिया है, जिससे कानून का यह अपमानजनक मजाक बन्द हो। विदेशी सरकार की शोषक नौकरशाही चाहे जो करे परन्तु उसका नग्न रूप जनता के सामने लाना अत्यन्त आवश्यक है।

जनता के चुने हुए प्रतिनिधि अपने क्षेत्रों में लौट जायें और जनता को आने वाली क्रान्ति के लिए तैयार करें। सरकार को यह जान लेना चाहिए कि 'सेफ्टी बिल' और ट्रैड डिस्प्यूट्स बिल' तथा लालाजी की नृशंस हत्या का अहसास

भारतीय जनता की ओर से विरोध करते हुए हम उस पाठ पर जोर देना चाहते हैं, जिसे कि इतिहास ने अनेक बार दोहराया है कि व्यक्तियों की हत्या कर डालना आसान है, परन्तु तुम विचारों की हत्या नहीं कर सकते। बड़े-बड़े साम्राज्य नष्ट हो गये, जबकि विचार जीवित रहे। फ्रांस के ब्रूवां और रूस के जार समाप्त हो गये। जबकि क्रान्तिकारी विजय की सफलता के साथ आगे बढ़ रहे हैं।

हम मनुष्य के जीवन को पवित्र समझते हैं। हम ऐसे उज्ज्वल भविष्य में विश्वास रखते हैं, जिसमें प्रत्येक व्यक्ति पूर्ण शांति और स्वतंत्रता का उपयोग करेगा। हम मानव रक्त बहाने के लिए अपनी विवशता पर दुःखी हैं, परन्तु क्रान्ति के लिए मनुष्यों का बलिदान आवश्यक है।"

इन्कलाब जिन्दाबाद

ह0 बलराज

कमाण्डर-इन-चीफ

अधिकांश पुस्तकों में यही लिखा मिलता है कि दूसरा बम बटुकेश्वर दत्त ने फेंका, किन्तु गुरुदेव सिंह दयोल ने अपनी पुस्तक शहीद भगतसिंह में लिखा है कि यह सामान्य तौर पर कहा जाता है कि दूसरा बम फेंकने वाला बी. के. दत्त था, परन्तु यह बात सत्य नहीं है। इस सम्बन्ध में मि. आसफ अली जो इस घटना के समय असेम्बली में उपस्थित थे तथा भगत सिंह एवं बी. के. दत्त के असेम्बली केस के वकील भी थे, कहते हैं "बहुत कम लोग इस बात से परिचित हैं कि बी. के. दत्त ने कोई बम नहीं फेंका," परन्तु जब बयान देने का समय आया, तो दत्त ने यह कहने पर जिद प्रकट की कि दोनों बमों में से एक उसके फेंका। दत्त ने ऐसा क्यों कहा, इसका पता उसके द्वारा अपने वकील आसफ अली से कहे गये इन शब्दों से मिलता है-

"मैं और भगतसिंह अब बहुत देर से इकट्ठे रह रहे हैं तथा मुझे पूरा विश्वास है कि वह आपके बचाव के बावजूद भी उमर कैद की सजा पा जायेगा। मान लो वह मुझे छोड़ दें, तो मैं उसके बिना क्या करुंगा। मुझे अनिवार्य तौर पर उसका साथ देना चाहिए।"

भगत सिंह और दत्त चाहते तो उस समय वहां से आसानी से भाग सकते थे। लेकिन भगत सिंह की ही इच्छा के अनुसार यह पहले ही निश्चित हो चुका था कि उन्हें भागकर बचना नहीं है। इसलिए दोनों अपने स्थान पर खड़े नारे लगाते रहे। धुआं कम होने पर सदन की पुलिस अन्दर आयी। सार्जेण्ट टैरी ने आकर उसने प्रश्न किया-"क्या यह तुम्हीं लोगों ने किया?"

दोनों ने हामी भर ली। दोनों ने अपने को गिरफ्तार करा लिया। गिरफ्तारी के समय भगत सिंह के पास एक आटोमैटिक पिस्तौल भी मिला। कुछ पुलिस अधिकारियों के बयानों के अनुसार भगत सिंह ने दो–तीन फायर भी किये थे और पिस्तौल उनके हाथ में थी, जिसका रुख आगे की ओर था। जांच–अदालत में सरकारी गवाह ने बताया था कि भगत सिंह ने एक स्वचालित पिस्तौल निकालकर दो–तीन गोलियां चलाई और फिर पिस्तौल जाम हो गया, किन्तु ये सारे बयान एकदम झूठ थे। उन्हें गिरफ्तार करने वाले सार्जेण्ट टैरी ने जो बयान दिया, उससे सच्चाई अच्छी तरह सामने आ जाती है–"जब मैंने भगत सिंह से पिस्तौल बरामद किया तो उसकी पिस्तौल का मुँह मेरी ओर नहीं था, बल्कि वह उसके हाथ में था, जिससे वह खेल रहा था और उसका हाथ नीचे की ओर था।" दिल्ली पुलिस के विरिष्ठ अधीक्षक ने भी इस बात को माना था कि पिस्तौल से वास्तव में फायर किया गया, इसके बारे में कोई भी विस्तार से और प्रामाणिक गवाही नहीं है।

जब इन दोनों क्रान्तिकारियों को पुलिस की गाड़ी में बैठाकर चांदनी चौक पुलिस चौकी ले जा रहा था, उसी समय श्री भगवतीचरण बोहरा, उनकी पत्नी दुर्गादेवी (दुर्गा भाभी) तथा नन्हा पुत्र शची पास ही एक ताँगे में बैठकर गुजरे। बच्चे ने भगत सिंह को चहचान लिया और झट से बोल पड़ा 'लम्बे चाचा', किन्तु मां ने बच्चे को चुप करा लिया।

इस घटना से असेम्बली का अधिवेशन रोक दिया गया। यह समाचार समूचे देश में फैल गया। सभी समाचारपत्रों ने इसे अपने मुखपुष्ठ पर बड़े–बड़े शीर्षकों में छापा।

कोतवाली में जब उनसे बयान देने के लिए कहा गया, तो उन्होंने पुलिस के सामने कोई भी बयान देना अस्वीकार कर दिया और कहा के वे जो कुछ भी कहेंगे, अदालत के सामने ही कहेंगे। 16 को पुलिस ने उन दोनों को कोतवाली पुराना सचिवालय भेज दिया।

सरकार द्वारा इस घटना की सूचना तार द्वारा शीघ्र ही लन्दन को भेजी गयी।

सदन ने आज प्रातः 'ट्रेड डिस्प्यूट्स बिल' पर विचार–विमर्श प्रारम्भ किया था। विश्वास था कि बिल की समाप्ति पर अध्यक्ष अपना निर्णय सुना देगा। प्रधान के बिल पर विभाजन के परिणाम की घोषणा करने के तुरन्त बाद जबकि वह अपने निर्णय की घोषणा करने वाला था, दर्शक दीर्घा में से एक व्यक्ति ने

जानबूझकर सरकारी बेंचों में दो बम फेंके। किसी को गम्भीर चोट नहीं आयी लगती, सिवाय मिस्टर बी. जी. दलाल के, जो कि बम के धमाके से कुछ घबरा गये थे। सदन घबराहर की स्थिति में उठ गया और फिर अध्यक्ष ने इसे बृहस्पतिवार तक स्थगित कर दिया। दो व्यक्ति गैलरी में पकड़े गये।"

इसी दिन फिर एक दूसरा तार भी भेजा गया जो इस प्रकार है—

गिरफ्तार किये गए दो व्यक्ति—लाहौर का भगत सिंह, जो कि फरार था और पुलिस को उसकी खोज थी तथा एक बंगाली बटुकेश्वर दत्त। कहा जाता है कि दोनों बम भगत सिंह ने फेंके। पहला आगे के सरकारी बेंचों के पास गिरा तथा दूसरा पीछे की सरकारी बेंचों में। बम फेंकने के बाद भगत सिंह ने आटोमेटिक पिस्तौल से दो गोलियाँ चलायी, जो बाद में जाम हो गया। तब दोनों व्यक्तियों ने क्रान्तिकारी पर्चे सदन में फेंके, यह दावा करते हुए कि यह कार्यवाही सरकार ने उन पर 'पब्लिक सेफ्टी' तथा 'ट्रेड डिस्प्यूट्स बिल' जैसे दमनकारी कानून लागू करने और मजदूर नेताओं की अन्धाधुन्ध गिरफ्तारियों के कारण थी। दानों व्यक्तियों ने न तो बच निकलने की कोशिश की और न ही अपनी गिरफ्तारी में कोई बाधा पहुंचायी। सर बी. जी. दलाल की जांघ में घाव हुआ है और वह अस्पताल में हैं। सर जार्ज चैस्टर तथा अन्य अधिकारियों को मामूली चोंटे आयी हैं। यह बात उल्लेखनीय है कि बमों से कोई गम्भीर हानि नहीं हुई, भले ही सीटों को भारी नुकसान पहुंचा है। पास की दीवारों और यहां तक कि सदन की छत को भी नुकसान पहुचा है।

दिल्ली के कमिश्नर ने इसी दिन गृह विभाग को जो रिपोर्ट भेजी थी, उसके अनुसार निम्नलिखित व्यक्ति घायल हुए थे—

1. माननीय सर जॉर्ज चैस्टर।
2. सर बोधमानजी दलाल।
3. मिस्टर एस. एन. राय।
4. मिस्टर पी. आर. राव, रेलवे वित्तयुक्त।

इन लोगों को जो चोटें आयीं, वे फर्श पर टूटकर बिखरे पड़े ईंट तथा फर्नीचर के टूकड़ों से आयी; न कि बमों के टुकड़ों से।

क्रान्तिकारियों तगी धरपकड़ :

असेम्बली बम काण्ड में इन दो वीरों की गिरफ्तारी के बाद पुलिस ने क्रान्तिकारियों की धरपकड़ शुरू कर दी। पुलिस ने 'हिन्दुस्तान समाजवादी

गणतन्त्र सेना' के अधिकतर सदस्यों को गिरफ्तार कर लिया। सुखदेव ने लाहौर में कुछ लोहारों को बम के कुछ भाग बनाने को दिये थे। यद्यपि उनसे यह कहा गया था कि इनकी आवश्यकता गैस–मशीन बनाने में पड़ती है, फिर भी पुलिस को इसका पता लग गया। परिणामस्वरूप सुखदेव पुलिस की नजरों में आ गये। उन पर कड़ी नजर रखी जाने लगी। भगवती चरण ने मैकलाउण्ड रोड, लाहौर में एक मकान किराये पर लिया था, जिसमें बम बनाने का कारखाना लगाया गया था। पुलिस को इसका भी पता लग गया। अतः उसने यहां छापा मारकर 16 मार्च की सुबह सुखदेव, जयगोपाल तथा किशोरी लाल का मौके पर ही पकड़ लिया। इसके साथ ही पुलिस को यहां एक जीवित बम, आठ बमों के खोल, कुछ बम बनाने के सामान, बम बनाने का नुस्खा, एक बेबली स्कॉट पिस्तौल, छोटे हथियारों की एक नियमावली, बटुकेश्वर दत्त का एक फोटो तथा एक पत्र जो भगत सिंह अथवा बटुकेश्वर द्वारा लिखा गया था, प्राप्त हुए। इसके साथ ही दिल्ली के बड़े–बड़े अधिकारियों को चेतावनी देने तथा जनता से उनकी किसी प्रकार की सहायता न करने की अपील के पत्र–पोस्टर आदि भी मिले। इनमें एक पत्र हिन्दुस्तान टाइम्स के सम्पादक को लिखा था तथा इसके प्रकाशित करने की प्रार्थना की गयी थी। यह पत्र इस प्रकार था–

"वास्तविक हिन्दुस्तान गणतन्त्र सेना, परमात्मा तथा सोवियत संघ हमारा मार्गदर्शन करें।'

इस पत्र में 'हिन्दुस्तान गणतन्त्र सेना' के युद्ध–सचिव के स्थान पर गुलाम कादर के हस्ताक्षर थे।

15 अप्रैल, 1929 को लाहौर गेट, लाहौर पर निम्नलिखित पोस्टर चिपका मिला–

"ऊँचे स्वर बहरों के लिए"

"दिनांक 7 अप्रैल को पुलिस की अवैध कार्यवाही ने हमें मजबूर कर दिया है कि इस सम्बंध में हम आगे कदम उठाएँ। इसलिए 'गणतन्त्र संघ सेना' के कमाण्डर–इन–चीफ द्वारा यह फैसला किया गया है कि लाहौर पुलिस के आफीसर इन्चार्ज को साण्डर्स की तरह मार डाला जाए। सिपाही नम्बर 203 तथा 182 को आदेश दिया जाता है कि वे तुरन्त कार्यवाही करें।"

आज्ञा से
व्यक्तिगत सहायक
कमाण्डर–इन–चीफ

हिन्दुस्तान गणतन्त्र सेना।

इसी प्रकार का एक पत्र सूरत से दिल्ली पुलिस अधीक्षक को भी भेजा गया था—

"परमात्मा सोवियत हमारा मार्गदर्शन करें"

"आपने हमारे भाइयों को गिरफ्तार किया है, परन्तु हम फिर दुहराते हैं कि आप मनुष्यों का नाश कर सकते हैं विचारों का नहीं।"

"हमारे आन्दोलन की पीठ पर कुछ लोगों की शक्ति नहीं—हम बहुत से हैं। मैं चेतावनी देता हूं कि आप ऐसोसियेशन के किसी सदस्य को ढूंढ निकाल सके। हमारी एसोसियेशन की 29 शाखाएँ है। लाहौर, दिल्ली और कलकत्ता हमारे प्रमुख केन्द्र हैं। इनके अलावा पूना, बेलगाम तथा पटना आदि में भी हमारी शाखाएं हैं। इतनी सूचना देने पर भी मैं आपको चेतावनी देता हूं कि अगर आप हमारे आन्दोलन का भेद पा सकें।"

"हमारी ऐसोसिएशन की सभा इसी महीने की 27 तारीख को दिल्ली में ही होने जा रही है, जिसमें हम सभी सरकारी स्थानों तथा कार्यालयों को नष्ट कर देने की योजना बना रहे हैं। अतः तैयार रहें।

"यदि सरकार को अपने ऊपर गर्व है तो उसे हमारी चेतावनी स्वीकार करनी चाहिए। सावधान! सावधान!"

"परमात्मा सोवियत हमारा मार्गदर्शन करें।"

सचिव
हिन्दुस्तान समाजवादी गणतन्त्र संघ
सूरत शाखा।

इसी प्रकार के पत्र अनेक सरकारी अधिकारियों तथा अंग्रेज भक्त बड़े-बड़े लोगों को भी प्राप्त हुए। अपनी पूरी शक्ति लगा देने पर भी पुलिस पत्र भेजने वालों का कोई पता न लगा सकी। अन्ततः पुलिस ने इस मामले को ही यह मानकर छोड़ दिया कि ये पत्र स्कूल के नादान लड़कों ने लिखे हैं; इनका क्रान्तिकारियों से कोई सम्बन्ध नही है।

सिविल लाइन पुलिस थाने से भगत सिंह तथा बटूकेश्वर दत्त को दिल्ली जेल लाया गया। उन्होंने पुलिस के सामने बयान देने से मना कर दिया। भगत सिंह के पिता सरदार किशन सिंह अप्रैल के तीसरे हफ्ते उनसे मिलने आये; किन्तु उन्हें मिलने नहीं दिया। भगत सिंह इस केस में वकील रखने के विरुद्ध थे, क्योंकि एक तो वकील स्वयं क्रान्तिकारियों के कार्यों को पसंद नहीं करते थे;

साथ ही उन्हें पूरा विश्वास था कि वकील रखने से भी कोई लाभ नहीं होगा; सरकार वही करेगा जो उसकी मर्जी होगी, चाहे नाटक कुछ भी करे। अतः उन्होंने अपने पिताजी को इस विषय में एक पत्र भेजा था, जो निम्नलिखित है—

पूज्य पिताजी,

वन्दे मातरम्।

अर्ज है कि 22 अप्रैल को पुलिस की हवालात से दिल्ली जेल में मुन्तकिल कर दिये गए थे और इस वक्त दिल्ली में ही है। मुकदमा 7 मई को दिल्ली जेल में ही शुरू होगा। करीबन एक माह में सारा ड्रामा खत्म हो जाएगा। ज्यादा फिक्र करने की जरूरत नहीं है। मुझे मालूम हुआ कि आप यहां तशरीफ लाये थे और वकील वगैरह से बीतचीत की थी और मुझसे मिलने की कोशिश भी की थी, मगर तब सब इन्तजाम न हो सका। कपड़े मुझे परसों मिले। मुलाकात आप जिस दिन तशरीफ लाएं, हो सकेगी। वकील वगैरह की कोई खास जरूरत नहीं है। दो–एक आमूद पर थोड़ा–सा मशवरा लेना चाहता हूं, मगर वह कोई खास अहमियत नहीं रखते। आप ख्वामख्वाह ज्यादा तकलीफ न कीजिएगा। अगर आप मिलने आएं तो अकेले ही आइएगा, वाल्दा साहिब को साथ न लाइएगा। ख्वामख्वाह वह रो देंगी और मुझे भी तकलीफ जरूर होगी। घर के सभी हालात आपसे मिलने पर मालूम हो सकेंगे।

हाँ अगर हो सके तो गीता रहस्य, नेपोलियन की मोटी सुआने उमरी (जीवनी) जो आपको कुतुब में मिल जाएगी और अंग्रेजी के कुछ नावल लेते आइयेगा। द्वारका दास लाइब्रेरी वालों से शायद कुछ नावल मिल सकें। खैर देख लीजिएगा। वाल्दा साहिब, भाभी साहिब, माताजी (दादी) और चाची साहिब के चरणों में नमस्कार। रणवीर सिंह और कुलतार सिह को नमस्ते। बापूजी (दादाजी) के चरणों में नमस्कार अर्ज कर दीजिएगा। इस वक्त पुलिस–हवालात और जेल में हमारे साथ निहायत अच्छा सलूक हो रहा है। आप किसी किस्म की फिक्र न कीजिएगा। मुझे आपका एड्रेस मालूम नहीं है, इसलिए इस पते (कांग्रेस कार्यालय) पर लिख रहा हूं।

आपका ताबेदार

भगत सिंह

जेल में पिता से भेंट :

सरदार किशन सिंह ने जेल में भगत सिंह से मिलने के लिए एक प्रार्थनापत्र दिया, किन्तु फिर भी मिलने की आज्ञा न मिली। फिर उन्होंने अपने वकील आसफ अली के माध्यम से प्रार्थनापत्र दिया और आज्ञा मिल गयी। तब 3 मई,

1929 को पिता–पुत्र की भेंट हो सकी। इस अवसर पर उन दोनों में निम्नलिखित वार्तालाप हुआ–

पिता–1 मई को मेरे लाहौर चले जाने के बाद मुझे अखबारों से पता चला कि पुलिस ने तुम्हारे छोटे भाई कुलतार सिंह को गिरफ्तार कर लिया है, जिसकी उम्र केवल दस–ग्यारह वर्ष है जो पांचवीं में पढ़ता है।

भगतसिंह–लड़का क्यों पकड़ा गया है?

पिता–दुर्भाय से वह मेरा बेटा और तुम्हारा भाई है। हो सकता है कि मैं भी पकड़ लिया जाऊँ। जयदेव स्वस्थ नहीं है और सुखदेव...।

भगतसिंह–पुलिस वाले बदमाश हैं। उन्होंने काकोरी केस में निर्दोष व्यक्तियों को फांसी दी है। वह मुझे साण्डर्स की हत्या के केस में लाहौर खींच ले जाएंगे। उन्होंने मुझे और दत्त को यह कहकर धोखा देने की कोशिश की है कि प्रत्येक सरकारी गवाह बन गया है। पिताजी आप मेरे बचाव के लिए पैसा बबार्द न करें।

पिता–घर की औरतें तुमसे मिलना चाहती हैं, पर तुम्हारे कहे अनुसार मैं उन्हें साथ नहीं लाया।

भगत सिंह–आप शीघ्र लाहौर लौटकर पता लगायें कि कुलतार को क्यों गिरफ्तार किया गया है?

इसी बीच मुलाकात का समय समाप्त हो गया था। अतः जेलर ने बात करने से उन्हें रोक दिया और सरदार किशन सिंह लौट गये।

सरदार किशन सिंह को पुत्र से मुलाकात की आज्ञा देने के पीछे भी यह चाल थी कि शायद इससे पुलिस के हाथ कोई सूत्र लग जाये। पुलिस अधिकारी ने स्वयं इस बात को अपनी 4 मई की रिपोर्ट में स्वीकार किया था। इस मुलाकात के समय जेलर तथा श्री आसफ अली वहीं पर थे।

सरदार किशन सिंह इस मुकदमें को पूरी ताकत से लड़ना चाहते थे। किन्तु भगतसिंह अपने बचाव के लिए मुकदमा नहीं लड़ना चाहते थे। उन्होंने स्वयं श्री आसफ अली से वहीं पर थोड़ी बहुत कानूनी सहायता ली थी।

(5)

मुकदमे की सुनवाई

असेम्बली बम काण्ड में भगत सिह तथा बटुकेश्वर दत्त के विरुद्ध न्याय का नाटक शुरू हो गया। 7 मई, 1929 को अतिरिक्त मजिस्ट्रेट मिस्टर पूल की अदालत में जेल में ही सुनवाई आरम्भ हुई। कुछ विशेष पत्रकारों, अभियुक्तों के नजदीकी रिश्तेदारों और वकीलों के अलावा अन्य किसी को भी अदालत में नहीं आने दिया गया। दिल्ली गेट थाना, सब इन्सपेक्टर शेख अब्दुल रहमान इन पत्रकारों, अभियुक्तों के रिश्तेदारों आदि की भी सावधानी से तलाशी ले रहा था। सुरक्षा के कड़े प्रबन्ध किये गए थे। इन सुरक्षा के प्रबन्धों के बारे में 'हिन्दुस्तान टाइम्स' के विशेष प्रतिनिधि ने लिखा था–

"लाठीधारी पुलिस को राजपुर रोड पर मजिस्ट्रेट के आवास से जेल तक तमाम दूसरी सड़कों पर जो जेल की ओर निकलती हैं, एक व्यक्ति में खड़ा कर दिया गया था। सी. पी. डी. के लोगों को सादे कपड़ों में साईकिलों पर सवार और मुख्य सड़कों पर देखा गया। जेल का अहाता भी पूरी तरह सुरक्षित था। ट्रेफिक इन्सपेक्टर श्री जानसन को अपने तीन सार्जेण्ट के साथ जेल के दरवाजे पर नियुक्त किया गया। जबकि आर. बी. मलिक सहायक पुलिश अधीक्षक, मि. अली, देवीदयाल उप अधीक्षक, पण्डित राम माधव तथा जेलर अदालत के अन्दर की व्यवस्था करने वालों में थे।"

श्री आसफ अली सफाई पक्ष के वकील थे और श्री. आर. बी. सूरज नारायण सरकारी वकील थे। मजिस्ट्रेट मिस्टर एफ. बी. पूल साढ़े नौ बजे अदालत में पहुंचा तब तक अदालत का कमरा भर चुका था। वकीलों एवं संवाददाताओं के अतिरिक्त श्रीमती आसफ अली, भगतसिंह के माता–पिता एवं चाची भी वहां उपस्थित थीं। इनके अलावा दो प्रशिक्षण लेने वाले मजिस्ट्रेट भी वहां थे।

दस बजकर आठ मिनट पर भगत सिंह और बटुकेश्वर दत्त को अदालत में लाया गया। अदालत में पहुंचते ही जोरदार आवाज में भगतसिंह ने "इन्कलाब जिन्दाबाद" तथा बटुकेश्वर दत्त ने 'नौकरशाही मुर्दाबाद' का नारा लगाया। अदालत में सनसनी फैल गयी तथा अदालत की आज्ञा से उन्हें हथकड़ी पहना दी गयी। उन्हें लोहे के जंगले के पीछे एक बेंच पर बैठा दिया गया। उनके पीछे कुछ जेल अधिकारी और सी. आई. डी. के आदमी बैठे थे। यहां पर भी दोनों क्रान्तिकारियों के चेहरों पर किसी प्रकार की मायूसी नहीं देखी गयी; वे प्रसन्न दिखाई दे रहे थे।

इसके बाद सरकार की ओर से ग्यारह गवाह पेश किये गये। इसी दिन लंच से कुछ पहले एक पुलिस अधिकारी के सामने भगत सिंह को अपने माता–पिता तथा चाची से मुलाकात करने की आज्ञा दी गयी। इस मुलाकात में भगत सिंह को अपने पिताजी से बार–बार कहते सुना गया–"सरकार मुझे मौत की सजा देने पर तुली हुई है; इसलिए आप इस पर बिल्कुल चिन्ता न करें।"

दोपहर बाद लंच के समय अदालत के उठने पर भगत सिंह ने अदालत से समाचार पत्र की मांग की, किन्तु उनकी यह मांग अस्वीकार कर दी गयी। यद्यपि राजनीतिक कैदियों को यह सुविधा दी जाती थी। उस दिन शाम चार बजकर दस मिनट पर अदालत उठ गयी।

दूसरे दिन 8 मई, 1929 को भी उसी प्रकार की कठोर सुरक्षा व्यवस्था में अदालत की कार्यवाही प्रारम्भ हुई। सुबह दस बजकर बीस मिनट पर पुनः भगत सिंह एवं बटुकेश्वर दत्त को लाया गया। अदालत में आते ही दोनों ने पहले दिन की तरह "इन्कलाब जिन्दाबाद" और "नौकरशाही मुदार्बाद" के नारे लगाये। इसके बाद फिर कुछ दूसरे गवाहों के बयान लिये गए और तब भगत सिंह तथा बटुकेश्वर दत्त को बयान देने के लिए कहा गया, पर दोनों ने इसे अस्वीकार कर दिया। बहुत अधिक जोर देने पर ही भगत सिंह ने अदालत के प्रश्नों का उत्तर देना स्वीकार किया। अदालत एवं भगत सिंह के बीच निम्नलिखित प्रश्न–उत्तर हुए–

अदालत–व्यवसाय?

भगत सिंह–कुछ नहीं।

अदालत–निवास स्थान?

भगत सिंह–लाहौर।

अदालत–मोहल्ला?

भगत सिंह—हम हमेशा एक जगह से दूसरी जगह आते—जाते रहते हैं।

अदालत—क्या तुम आठ अप्रैल को असेम्बली में उपस्थित थे?

भगत सिंह—जहां तक इस मुकदमें का सम्बन्ध, मैं इस मौके पर किसी प्रकार का कोई भी बयान देने की जरूरत महसूस नहीं करता।

अदालत—जब तुम कल अदालत में आये, तो तुमने 'इन्कलाब जिन्दाबाद' का नारा बुलन्द किया—इससे तुम्हारा क्या मतलब है?

इस प्रश्न पर सफाई पक्ष के वकील श्री आसफ अली ने आपति उठाई। अदालत को इस आपत्ति को स्वीकार करना पड़ा। इसी प्रकार बटुकेश्वर दत्त ने भी केवल अदालत के प्रश्नों के ही उत्तर दिये और बयान देना अस्वीकार कर दिया। अब सफाई पक्ष के वकील आसफ अली ने लगभग चालीस मिनट तक अपनी तर्कसंगत बहस की।

इस बहस को सुनने के बाद अदालत ने हत्या करने के प्रयास के आरोपों में दोनों पर भारतीय दण्ड संहिता की धारा 307 के अन्तर्गत आरोप लगाया कि उन्होंने असेम्बली में कई लोगों को जान से मार डालने के लिए बम फेंके थे। अदालत ने दोनों से फिर पूछा कि "क्या वे दोनों इस विषय में कोई बयान देना चाहते हैं?" इस पर दोनों ने कहा, "इस पर फिर फैसला किया जायेगा।" इसके बाद अदालत ने इस मामले को सत्र न्यायलय में सौंप दिया।

सत्र न्यायालय में भगतसिह का ऐतिहासिक भाषण :

सत्र न्यायालय (सेशन कोर्ट) के अधीन इस मामले की सुनवाई 4 जून, 1929 से प्रारम्भ हुई। सेशन जज मिस्टर मिडल्टन ने दिल्ली जेल में इसकी सुनवाई की। सरकारी वकील तथा गवाहों के बयान हो जाने पर भगत सिंह ने महसूस किया कि अब बयान देने का समय आ गया है। इसलिए उन्होंने अपनी तथा बटुकेश्वर दत्त की ओर से स्वयं बयान तैयार किया। उनका यह बयान लिखित था, जिसे उन्होंने बड़ी मेहनत से तैयार किया था। अपने इस महत्त्वपूर्ण ऐतिहासिक बयान को उन्होंने दिल्ली जेल में लगी सेशन जज मि. मिडल्टन की अदालत में 6 जून, 1929 के दिन पढ़ा। यह बयान निम्नलिखित है।

'हमारे विरुद्ध गम्भीर आरोप लगाये जा रहे हैं। हम इस समय अपने आचरण का स्पष्टीकरण करना चाहते हैं। इस विषय में निम्न प्रश्न उठता है—

1 क्या सदन में बम फेंके गये थे? यदि ऐसा हुआ तो इसका क्या कारण था?

2 निचली अदालत ने जो आरोप लगाया है, वह सही है अथवा नहीं?

पहले प्रश्न का पूर्वाद्ध स्वीकारात्मक है। पर कुछ साथियों ने इस घटना का असत्य विवरण प्रस्तुत किया है। हम बम फेंकने की जिम्मेवारी स्वीकार करते हैं। इसलिए हम आशा करते हैं कि हमारे इस कार्य का सही मूल्यांकन किया जा सकेगा। उदाहरण के लिए हम इस बात का संकेत करना चाहते हैं कि उन्होंने हम में से एक के हाथ की पिस्तौल छीन ली, यह जान–बूझकर बोला गया झूठ है। वास्तव में जब हमने आत्मसमर्पण किया, उस समय हम दोनों में से किसी के पास पिस्तौल नहीं था। जिन साथियों ने कहा कि उन्होंने हमें बम फेंकते हुए देखा, उन्हें बेसिर–पैर का झूठ बोलने में कोई झिझक नहीं हुई। हमें आशा है कि लोगों का ध्येय न्याय की शुद्धता तथा निष्पक्षता की रक्षा करना है, वे इन तथ्यों से स्वयं निष्कर्ष निकाल लेंगे, साथ ही हम स्वीकार करते हैं कि अभी सरकारी पक्ष ने औचित्य की रक्षा की है और न्यायालय ने न्यायपूर्ण रवैया अपनाया हुआ है।

प्रथम प्रश्न के शेष आधे का उत्तर कुछ विस्तार से देना होगा। जिससे हम उन कारणों और हालातों को पूरी तरह खुले हुए रूप में स्पष्ट कर सकें, जिनके परिणामस्वरूप यह घटना हुई है; जिसने अब ऐतिहासिक स्वरूप ले लिया है। जेल में हमारे साथ पुलिस अधिकारियों ने भेंट की उनमें से कुछ ने अब हमें यह बताया कि विचाराधीन घटना के पश्चात् दोनों सदनों के संयुक्त अधिवेशन को सम्बोधित करते हुए लार्ड इरविन ने यह कहा कि हम लोगों ने बम फेंककर किसी व्यक्ति पर नहीं, वरन् स्वयं एक संविधान पर आक्रमण किया है। उस समय तुरन्त हमें यह आभास हुआ कि उस घटना के वास्तविक महत्व का सही मूल्यांकन नहीं किया गया है।

मानव मात्र के प्रति हमारा प्रेम किसी से भी कम नहीं है। अतः किसी व्यक्ति के लिए दुश्मनी रखने का प्रश्न ही नहीं उठता। इसके विपरीत हमारी दृष्टि में मानव जीवन इतना पवित्र है कि इस पवित्रता का वर्णन शब्दों में नहीं किया जा सकता। छिपे हुए समाजवादी दीवान चमन लाल ने हमें जघन्य आक्रमणकारी और देश के लिए अपमानजनक बताया है, साथ ही लाहौर के समाचार पत्र 'ट्रिब्यून' तथा कुछ अन्य लोगों की यह धारणा भी असत्य है कि हम उन्मुक्त हैं।

हम नम्रतापूर्वक यह दावा करते हैं कि हमने इतिहास, अपने देश की परिस्थिति तथा मानवीय आकांक्षाओं का गम्भीरतापूर्वक अध्ययन किया है तथा पाखण्ड से घृणा करते हैं।

हमारा ध्येय उस संस्था के प्रति अपना व्यावहारिक प्रतिशोध प्रकट करना है,

जिसने अपने आरम्भ से केवल अपनी निरुपयोगिता का ही नहीं, वरन् हानि पहुँचाने वाली दूरगामी शक्ति का भी नग्न प्रदर्शन किया है। हमने जितना अधिक चिन्तन किया है, हम उतने ही अधिक इस परिणाम पर पहुचे हैं कि इस संस्था (विधान सभा) के अस्तित्व का प्रयोजन संसार के सामने भारतीय दीनता और असहायता का प्रदर्शन करना है तथा यह एक गैर जिम्मेवार एवं स्वेच्छाचारी शासन की दमनकारी सत्ता का प्रतीक बन गयी है।

जनता के प्रतिनिधियों की राष्ट्रीय मांग को बार–बार रद्दी की टोकरी में फेंक दिया जा रहा है। सदन द्वारा पारित पवित्र प्रस्तावों को तथाकथित भारतीय संसद के फर्श पर निरादरपूर्वक पांवों तले कुचला जा रहा है। दमनकारी एवं स्वेच्छाचारी कानूनों के निवारण से सम्बन्धित प्रस्तावों की सबसे अधिक अपमानपूर्ण उपेक्षा की गयी है तथा प्रतिनिधियों ने जिन सरकारी कानूनों और प्रस्तावों को अस्वीकार कर दिया है, उन्हें भी सरकार द्वारा मनमर्जी से स्वीकृति दी जा रही है।

....परिणामत: हमने गवर्नर जनरल की कार्यकारी परिषद् के भूतपूर्व विधि सदस्य स्वर्गीय श्री सी. आर. दास के उन शब्दों से प्रेरणा ग्रहण की, जो उन्होंने अपने पुत्र के नाम एक पत्र में लिखे थे और जिसका तात्पर्य यह था कि इंग्लैंड को उसके दु:स्वप्न से जगाने के लिए बम आवश्यक है और हमने उन लोगों की ओर से प्रतिरोध प्रकट करने के लिए असेम्बली के फर्श पर बम फेंका, जिनके साथ अपनी हृदयविदारक कथा को बताने का दूसरा मार्ग नहीं रह गया है। हमारा एकमात्र उद्देश्य यह था कि हम बहरों को अपनी आवाज सुनाएँ और समय की चेतावनी उन लोगों तक पहुंचाएं, जो उसकी उपेक्षा कर रहे हैं। दूसरे लोग भी हमारी तरह ही सोच रहे हैं तथा भारतीय जाति यद्यपि ऊपर से एक शान्त समुद्र की तरह दिखाई दे रही है, फिर भी भीतर ही भीतर एक भयंकर तूफान उफन रहा है। हमने उन लोगों को खतरे की चेतावनी दी है, जो सामने आने वाली गम्भीर परिस्थितियों की चिन्ता किये बिना सरपट दौड़े जा रहे हैं। हमने उस काल्पनिक अहिंसा की समाप्ति की घोषणा की है, जिसकी निरर्थकता के बारे में नई पीढ़ी के मन में कोई सन्देह नहीं बचा है। हमने ईमानदारीपूर्ण सद्भावना तथा मानव जाति कें प्रति उन भयंकर खतरों के प्रति चेतावनी देने के लिए यह मार्ग चुना है, जिनका पूर्वाभास हमे भी देश के करोड़ों लोगों की तरह स्पष्ट हुआ है।

हमने पिछले पैरों मे काल्पनिक अहिंसा शब्द का प्रयोग किया है। हम उनकी

व्याख्या करना चाहते है। हमारी दृष्टि में बलप्रयोग उस समय अन्यायपूर्ण होता है, जब वह आक्रमण रीति से किया जाये और यह हमारी दृष्टि से हिंसा है, परन्तु जब शक्ति का प्रयोग किसी विशिष्ट उद्देश्य की पूर्ति के लिए किया जाये, तो वह नैतिक दृष्टि से न्यायसंगत हो जाता है। बलप्रयोग का पूर्ण बहिष्कार कोरी काल्पनिक भ्रान्ति है। इस देश मे एक नया आंदोलन उठ खड़ा हुआ है, जिसकी पूर्व सूचना हम दे चुके हैं। यह आदोलन गुरु गोविन्द सिंह और शिवाजी, कमाल पाशा और रिजा खां, वाशिंगटन और गैरी वाल्डी तथा लाफयेते और लेनिन के कार्यों से प्रेरणा ग्रहण करता है।

हमें ऐसा लगता है कि विदेशी सरकार और भारत के सार्वजनिक नेताओं ने इस आंदोलन की ओर से आखें मूंद ली हैं तथा उनके कानों में इसकी आवाज नहीं पड़ी है। अत: हमें यह कर्तव्य प्रतीत हुआ कि हम ऐसे स्थानों पर चेतावनी दें, जहां हमारी आवाज अनसुनी न रह सके।

हमने अभी तक विचाराधीन घटना के पीछे निहित आयोजनों की चर्चा की है। अब हम अपने प्रयोजनों की मर्यादा के बारे में भी कुछ कहना चाहते हैं।

हमारे मन में उन लोगों के प्रति कोई व्यक्तिगत द्वेष अथवा वैर नहीं था, जिनको इस घटना के दौरान मामूली चोटें आयी है। इतना ही नहीं, असेम्बली में उपस्थित किसी भी व्यक्ति के प्रति हमारा व्यक्तिगत द्वेष नहीं था। हम तो यहॉ तक कह सकते हैं कि हम मनुष्य–जीवन को इतना पवित्र मानते हैं कि उसका वर्णन नही किया जा सकता तथा किसी को चोट पहुंचाने के बजाय मानव जाति की सेवा के लिए अपने प्राण देने को तत्पर हैं। हम साम्राज्यवादी सेनाओं के उन भड़ैत सैनिकों की तरह नहीं है, जो हत्या करने में रस लेते हैं, इसके विपरीत हम मानव–जीवन की रक्षा का प्रयत्न करेंगे। इसके बावजूद हम स्वीकार करते हैं कि हमने जान–बूझकर असेम्बली भवन में बम फेंका यह तथ्य स्वयं मुखर है तथा हमारा अनुरोध है कि हमारे प्रयोजनों को हमारे कार्य के परिणाम से ही आँका जाना चाहिए न कि काल्पनिक परिस्थितियों और पूर्व मान्यताओं के आधार पर। सरकारी विशेषज्ञ द्वारा दिये गए प्रमाणों के बावजूद सत्य है कि हमने असेम्बली भवन पर जो बम फेंके उनसे एक खालीबेंच को मामूली क्षति पहुंची और एक दर्जन से भी कम लोगों को मामूली–सी खरोंचे आयीं। सरकार के वैज्ञानिकों ने इसे एक चमत्कार कहा है, परन्तु हमारी दृष्टि में यह एक पूर्ण वैज्ञानिक प्रक्रिया है। पहली बात तो यह कि दो बम डैस्कों और बैंचों के बीच की खाली जगह में फटे, दूसरी यह कि जो लोग विस्फोट से केवल दो फुट की दूरी पर थे–जैसे श्री

राऊ, श्री शकर राव तथा श्री जार्ज शुस्टर, उन लोगों को या तो बिल्कुल चोट नहीं आयी या केवल कुछ खरोंचे आयी। यदि बमों के भीतर कुछ पोटेशियम क्लोरेट और पिपरकेट के प्रभावशाली तत्व भरे होते तो उन्होंने अवरोधों को खण्डित कर दिया होता तथा विस्फोट–स्थल से कई गज की दूरी पर बैठे लोग आहत हो गये होते और उससे भी अधिक विस्फोटक और प्रभावशाली तत्व भरे होते वे विधानसभा के अधिकांश सदस्यों की जीवन–लीला समाप्त कर सकते थे। हम यह भी कर सकते थे कि हम उन्हें सरकारी बाक्स में फेंकते जहा महत्वपूर्ण लोग बैठे थे, और आखिरकार हम यह भी कर सकते थे कि उस समय अध्यक्ष दीर्घा में बैठे हुए सर जान साइमन पर चोट करते, जिसके दुर्भाग्यपूर्ण कमीशन से देश के सभी विवेकशील लोग घृणा करते हैं, परन्तु हमारा प्रयोजन यह सब नहीं था और बमों का जिस प्रयोजन के लिए निर्माण किया गया था, उसने उससे अधिक काम नहीं किया। इसमें कोई चमत्कार नहीं था। हमने जान–बूझकर यह ध्येय निश्चित किया था कि सभी लोगों का जीवन सुरक्षित रहे।

इसके पश्चात् हमने अपने कार्य के परिणामस्वरूप दण्ड प्राप्त करने के लिए स्वेच्छा से अपने–आपको प्रस्तुत कर दिया और साम्राज्यवादी शोषकों को यह बता दिया कि वे व्यक्तियों को कुचल सकते हैं, विचारों की हत्या नहीं कर सकते। दो महत्वहीन इकाइयों को कुचल देने से राष्ट्र नहीं कुचला जा सकता। हम इस ऐतिहासिक निष्कर्ष पर बल देना चाहते हैं कि फ्रांस में लैटर्स डकेण्टयेट तथा वैल्सटाइल्स घटनाओं से क्रान्तिकारी आन्दोलन को नहीं कुचला जा सका। और फांसी की रस्सी साइबेरिया में बिछाई गई मॉडर्न क्रान्ति की ज्वाला को बुझा नहीं सकी। इसी प्रकार यह भी असंभव है कि ये अध्यादेश और सुरक्षा विधेयक भारतीय स्वाधीनता की लपटों को बुझा सकें, षड्यन्त्रों का भेद खोजने, उनकी जोरदार शब्दो मे निन्दा करने तथा उच्चतर आदर्शों का स्वप्न देखनेवाले सभी नवयुवकों को फांसी के तख्ते पर चढ़ा देने से क्रान्ति की गति अवरुद्ध नहीं की जा सकती। यदि हमारी इस चेतावनी की उपेक्षा नहीं की गयी, तो यह जीवन की हानि और व्यापक उत्पीड़न को रोकने में सहायक सिद्ध हो सकती है। यह चेतावनी देने का भार हमने स्वयं अपने कन्धों पर लिया और कर्त्तव्य का पालन किया।

क्रान्ति में घातक संघर्ष का अनिवार्य स्थान नहीं है, न उसमें व्यक्तिगत रूप से प्रतिशोध लेने की गुंजाइश है। क्रान्ति बम और पिस्तौल की संस्कृति नहीं है।

क्रान्ति से हमारा प्रयोजन यह है कि अन्याय पर आधारित वर्तमान अर्थव्यवस्था में परिवर्तन लाना चाहिए। उत्पादक और श्रमिक समाज के अत्यन्त आवश्यक तत्व हैं, तथापि शोषक लोग उन्हें श्रम के फलों और मौलिक अधिकारों से वंचित कर देते हैं। एक ओर सबके लिए अन्न उगाने वाले कृषक परिवार भूखों मर रहे हैं, सारी दुनिया के बाजारों में कपड़ों की पूर्ति करनेवाले बुनकर अपने और अपने बच्चों के शरीरों को ढांपने के लिए पूरे वस्त्र प्राप्त नहीं कर पाते, भवन निमार्ण, लोहारी और बढ़ईगीरी के काम में लगे लोग शानदार महलों का निमार्ण करके भी गन्दी बस्तियो में रहते हैं और मर जाते हैं। दूसरी ओर पूँजीपति, शोषक और समाज पर घुन की तरह जीनेवाले लोग अपनी सनक पूरी करने के लिए करोड़ों रुपया पानी की तराह बहा रहे हैं। यह भयंकर विषमताएँ और विकास की कृत्रिम समानताएँ समाज को अराजकता की ओर ले जा रही हैं। यह परिस्थिति हमेशा नहीं रह सकती तथा यह स्पष्ट है कि वर्तमान समाजव्यवस्था एक ज्वालामुखी के मुख पर बैठी हुई आनन्दमग्न हो रही है और शोषकों के अबोध बच्चों की भांति हम एक खतरनाक दरार के कगार पर खड़े हैं। यदि सभ्यता के ढांचे को समय रहते न बचाया गया तो वह नष्ट–भ्रष्ट हो जाएगी, अतः क्रान्तिकारी परिवर्तन की आवश्यकता है और जो लोग इस आवश्यकता को अनुभव करते हैं, उनका कर्त्तव्य है कि वे समाज को समाजवादी आधारों पर पुनर्गठित करें। जब तक यह नहीं होगा, और एक राष्ट्र के द्वारा दूसरे राष्ट्र का शोषण होता रहेगा, जिसे साम्राज्यवाद कहा जा सकता है, तब तक उससे उत्पन्न होने वाली पीड़ाओं और अपमानों से मानव जाति के सार्वभौमिक शान्ति के युग का सूत्रपात करने के बारे में की जानेवाली समस्त चर्चाएँ कोरा पाखण्ड है। क्रान्ति से हमारा प्रयोजन अन्ततः एक ऐसी सामाजिक व्यवस्था करना है, जिसे इस प्रकार के घातक खतरों का सामना न करना पड़े और जिसमें सर्वहारा वर्ग की प्रभुता को मान्यता दी जाए। इसका परिणाम यह होगा कि विश्व–संघ मानव जाति को पूंजीवाद के बन्धन तथा युद्ध से उत्पन्न होनेवाली बर्बादी और मुसीबतों से बचा सकेगा। हमारा आदर्श यह है और इस आदर्श से प्रेरणा ग्रहण करके हमने एक समुचित और काफी जोरदार चेतावनी दी है। यदि इसकी भी उपेक्षा कर दी जाती है तथा वर्तमान शासन–व्यवस्था नवोदित प्राकृतिक शक्तियों के मार्ग को अवरुद्ध करने का क्रम जारी रखती है तो एक भीषण संघर्ष उत्पन्न होना निश्चित है, जिसके परिणामस्वरूप समस्त बाधक तत्वों को उठाकर फेंक दिया जाएगा तथा सर्वहारा वर्ग का आधिपत्य होगा, जिससे क्रान्ति के लक्ष्य की उपलब्धि की जा सके।

क्रान्ति मानव–जाति का जन्मजात अधिकार है। स्वतत्रता सभी मनुष्यो का ऐसा जन्मसिद्ध अधिकार है जिसे किसी भी स्थिति में छीना नही जा सकता। श्रमिक वर्ग समाज का वास्तविक आधार है। लोकप्रभुता की स्थापना श्रमिकों का अन्तिम ध्येय है। इन आदर्शों तथा इस आस्था के लिए हम उन सब कष्टों का स्वागत करेंगे, जो हमें न्यायालय द्वारा दिये जायेंगे। इस वेदी पर हम अपना यौवन धूपबत्ती की तरह जलाने को सम्बद्ध हुए हैं। इतने महान ध्येय के लिए कोई बलिदान बड़ा नहीं माना जा सकता। हम क्रान्ति के उत्कर्ष की सन्तोषपूर्वक प्रतीक्षा करेंगे।...'इन्कलाब जिन्दाबाद!'

सेशन जज मिडल्टन के मत में इस वक्तव्य के अंश आपत्तिजनक थे, इसलिए उसने दूसरे दिन बचावपक्ष के वकील श्री आसफ अली तथा पब्लिक प्रॉसीक्यूटर दोनों को बुलाया तथा इससे उन आपत्तिजनक भागों को निकाल देने की इच्छा व्यक्त की। श्री आसफ अली भी इससे सहमत हो गये और उन्होंने भत सिंह को भी इसके लिए मना लिया। इस प्रकार उनके भाषण में सुधार करके ही उसकी कॉपी रिकार्ड में रखी गयी। दिल्ली के कमिश्नर ने शीघ्र आज्ञा जारी कर दी कि किसी भी समाचारपत्र में भगत सिंह का यह भाषण प्रकाशित न किया जाए, किन्तु इस आशा के जारी होने से पहले ही 'पाइनियर' इसे इसके मूल रूप में प्रकाशित कर चुका था। बाद में संशोधित भाषण की एक–एक कॉपी सभी समाचार–पत्रों को भेज दी गयी जिसे उन्होंने प्रकाशित किया। यही नहीं, विदेशी समाचार–पत्रों ने भी इसे प्रमुखता के साथ प्रकाशित किया। इस सबसे क्रान्तिकारियों के विचार सारी दुनिया के सामने आये। वास्तव में भगत सिंह भी यही चाहते थे कि उनके विचारों से दुनिया परिचित हो।

इस भाषण को अदालत मे अपनी ओर से भगत सिंह ने स्वयं पढ़ा था और बटुकेश्वर दत्त की ओर से इनके वकील श्री आसफ अली ने। इस भाषण से सारे देश का ध्यान भगत सिंह की ओर और भी अधिक आकृष्ट हुआ। सबसे बड़ी बात यह भी कि इन दोनों वीरों ने अपने बचाव की कुछ भी कोशिश नहीं की थी। अन्त में 1 जून, 1929 को इस मामले की सुनाई समाप्त हो गई तथा 12 जून, 1929 को सेशन जज ने अपने 41 पृष्ठों का फैसला सुनाया, जिसमें भगत सिंह और बटुकेश्वर दत्त दोनों को भारतीय दण्ड संहिता की धारा 307 तथा विस्फोटक पदार्थ कानून की धारा 3 के अन्तर्गत उम्रकैद की सजा दी गयी। इसके तुरंत बाद भगत सिंह को पंजाब की बदनाम मियाँवाली जेल में तथा बटुकेश्वर दत्त को लाहौर सेण्ट्रल जेल में भेज दिया गया।

हाईकोर्ट में अपील :

इतना तो साफ है कि ये दोनों वीर निचली अदालत से ही अपना बचाव करने के विरुद्ध थे, किन्तु ये अपने विचारों को अधिक से अधिक लोगों तक पहुंचाना चाहते थे। इसीलिए इन्होंने सेशन जज के फैसले की लाहौर हाईकोर्ट में अपील की। इस अपील को जस्टिस फोर्ड तथा जस्टिस एडीसन ने सुना। यहां भगत सिंह ने अपना दूसरा महत्त्वपूर्ण बयान दिया, जो इस प्रकार है–

"माई लार्ड! हम न वकील हैं, न अंग्रेजी के विशेषज्ञ हैं और न हमारे पास डिग्रियां ही हैं, इसलिए हमसे शानदार भाषणों की आशा न की जाए। हमारी प्रार्थना है कि हमारे बयान की भाषा सम्बन्धी गलतियों पर ध्यान न देते हुए उसके वास्तविक अर्थ को समझने की कोशिश की जाए। दूसरे तमाम मुद्दों को अपने वकीलों पर छोड़ते हुए मैं एक मुद्दे पर विचार प्रकट करूँगा। यह मुद्दा इस मुकदमें में अत्यन्त महत्वपूर्ण है। महत्त्व यह है कि हमारी नीयत क्या थी? और हम किस हद तक अपराधी हैं।

यह मामला बड़ा पेचीदा है, इसलिए कोई भी व्यक्ति आपकी सेवा में विचारों की वह ऊँचाई प्रस्तुत नहीं कर सकता, जिसके प्रभाव से हम एक खास ढंग से सोचने और व्यवहार करने लगे थे। हम चाहते हैं कि इसे दृष्टि में रखते हुए हमारी नीयत और अपराध का अन्दाजा लगाया जाए। प्रसिद्ध कानूनवेत्ता सालोमन के अनुसार किसी भी व्यक्ति को उसके उद्देश्यों को जाने बिना उस समय तक सजा नहीं मिलनी चाहिए, जब तक कि वे कानूनविरोधी आचरण सिद्ध न हों।

सेशन जज की अदालत में हमने जो लिखित बयान दिया था, वह हमारे उद्देश्य की व्याख्या करता था और इस रूप में हमारी नीयत की भी व्याख्या करता था, किन्तु सेशन जज महोदय ने कलम की एक ही नोक से यह कहकर कि आम तौर पर अपराधी को व्यवहार में लानेवाली बात कानून के कार्य को प्रभावित नहीं करती और इस देश में कभी–कभार उद्देश्य और नीयत की चर्चा होती है। हमारी सब कोशिशें बेकार कर दीं।

माई लार्ड! इन परिस्थितियों में विद्वान जज के लिए उचित था कि या तो अपराध का अनुमान परिणाम से लगाते या हमारे बयान की मदद से मनोवैज्ञानिक पहल पर फैसला करते। परन्तु उन्होंने इन दोनों में से एक भी काम नहीं किया।

पहली बात यह है कि असेम्बली में हमने जो बम फेंके, उनसे किसी भी व्यक्ति को शारीरिक या मानसिक हानि नहीं हुई। इस दृष्टि से जो सजा हमें दी

देखा जाए, तो जब तक अभियुक्त की मनोभावना का पता न लगाया जाए, उसके असली उद्देश्य का पता ही नहीं लगाया जा सकता। यदि उद्देश्य को पूरी तरह भुला दिया जाए, तो किसी भी व्यक्ति के साथ न्याय हो ही नहीं सकता, क्योंकि उद्देश्य को नजरों में न रखने पर संसार के बड़े-बड़े सेनापति साधारण हत्यारे नजर आएँगे। सरकारी कर वसूल करनेवाले अधिकतर चोर-जालसाज दिखायी देंगे और न्यायाधीश पर भी कत्ल का अभियोग लगेगा। इस तरह तो सामाजिक व्यवस्था और सभ्यता, खून-खराबा, चोरी और जालसाजी बनकर रह जाएगी।

यदि उद्देश्य की उपेक्षा की जाए तो हुकूमत को क्या अधिकार है कि समाज के व्यक्तियों से न्याय करने को कहे। यदि उद्देश्य की उपेक्षा की जाए तो हमें धर्म का प्रचार झूठ का प्रचार दिखायी देगा और हर एक पैगम्बर पर अभियोग लगेगा कि उसने करोड़ों भोले और अनजान लोगों को गुमराह किया है। यदि उद्देश्य को भुला दिया जाए, तो हजरत ईसामसीह गड़बड़ करनेवाले, शान्ति भंग करनेवाले और विद्रोह का प्रचार करनेवाले दिखायी देंगे और कानून के शब्दों में खतरनाक व्यक्तित्व माने जाएंगे। किन्तु हम उनकी पूजा करते हैं, उनके लिए हमारे दिल में बेहद आदर है, उनकी मूर्ति हमारे दिलों में आध्यात्मिकता का स्पन्दन करती है। यह क्यों? यह इसलिए कि उनके प्रयत्नों का प्रेरक एक ऊँचे दर्जे का उद्देश्य था। उस युग के शासकों ने उनके उद्देश्य को नहीं पहचाना, उन्होंने उनके बाहरी व्यवहार को ही देखा, लेकिन उस समय से लेकर इस समय तक उन्नीस शताब्दियाँ बीत चुकी है। क्या हमने तब से लेकर अब तक कोई तरक्की नहीं की क्या हम ऐसी गलतियाँ दोहराएँगे! अगर ऐसा हो तो इन्सानियत की कुर्बानियाँ, महान शहीदों के प्रयत्न बेकार रहे और आज भी हम उसी स्थान पर हैं, जहां आज से बीस शताब्दियाँ पहले थे।

कानूनी दृष्टि से उद्देश्य का प्रश्न खास महत्त्व रखता है। जनरल डायर का उदाहरण लीजिए. उन्होंने गोली चलाई और सैकड़ों निरपराध और शस्त्रहीन व्यक्तियों को मार डाला, लेकिन फौजी अदालत ने उन्हें गोली का निशाना बनाने के हुक्म की जगह लाखों रुपये इनाम दिये। एक और उदाहरण पर ध्यान दीजिये—श्री खड़गबहादुर सिंह ने जो एक नौजवान गोरखा है, कलकत्ता में एक अमीर मारवाड़ी को छुरे से मार डाला। यदि उद्देश्य को एक तरफ रख दिया जाये तो खडगबहादुर सिंह को मौत की सजा मिलनी चाहिए थी लेकिन उसे कुछ वर्ष

कैद की सजा दी गई और अवधि से बहुत पहले मुक्त कर दिया गया। क्या कानून में कोई दरार रखनी थी, जो उसे मौत की सजा न दी गई उसके विरुद्ध हत्या का अभियोग सिद्ध नहीं हुआ? उसने हमारी ही तरह अपना अपराध स्वीकार किया था लेकिन उसका जीवन बच गया और वह स्वतंत्र है। मैं पूछता हूँ, उसे फाँसी की सजा क्यों न दी गयी? उसका कार्य नपा–तुला था। उसने पेचीदा ढंग की तैयारी की थी। उद्देश्य की दृष्टि से उसका कार्य हमारे (एक्शन) की दृष्टि से ज्यादा खतरनाक और संगीन था। उसे इसलिए बहुत कम सजा मिली, क्योंकि उसका मकसद नेक था। उसने समाज को एक ऐसी जोंक से छुटकारा दिलाया, जिसने कई एक सुन्दर लड़कियों का खून चूस लिया था। श्री खड़गबहादुर सिंह को महज कानून की प्रतिष्ठा बचाये रखने के लिए कुछ वर्षों की सजा दी गई। यह सिद्धान्तों का विरोध है जो कि यह है–'कानून आदमियों के लिए है, आदमी कानून के लिए नहीं है!' इन दशाओं में क्या कारण है कि हमें वे रियायतें न दी जायें, जो श्री खडगबहादुर सिंह को मिली थीं। क्योंकि उसे नर्म सजा देते समय उसका उद्देश्य दृष्टि में रखा गया था, अन्यथा कोई भी व्यक्ति जो दूसरे को कत्ल करता है, फांसी की सजा से नहीं बच सकता। क्या इसलिए हमें आम कानूनी अधिकार नहीं मिल रहा कि हमारा कार्य हुकूमत के विरुद्ध था या कि इसलिए कि इस कार्य का राजनीतिक महत्त्व है?

माई लार्ड! इन दशाओं में मुझे कहने की अज्ञाा दी जाये कि जो हुकूमत इन कमीनी हरकतों में आश्रय खोजती है, जो हुकूमत व्यक्ति के कुदरती अधिकार छीनती है, उसे जीवित रहने का कोई अधिकार प्राप्त नहीं है। अगर वह कायम है तो अराजी तौर पर और हजारों बेगुनाहों का खून उसकी गर्दन पर है। यदि कानून उद्देश्य नहीं देखता तो न्याय नहीं हो सकता और न ही स्थायी शांति स्थापित हो सकती है।

आटे मे सखिया मिलाना जुर्म नही, बशर्ते कि इसका उद्देश्य चूहो को मारना हो, लेकिन यदि इससे किसी आदमी को मार दिया जाये, तो यह कत्ल का अपराध बन जाता है। लिहाजा ऐसे कानूनों पर जो युक्ति पर आधारित नहीं और न्याय विरोधी कानूनों के प्रति बड़े–बड़े श्रेष्ठ बौद्धिक लोगों ने बगावत के कार्य किये हैं।

हमारे मुकदमें के तथ्य बिल्कुल सादा हैं। 8 अप्रैल, 1929 को हमने सेण्ट्रल असेम्बली में दो बम फेंके। उनके धमाकों से चन्द लोगों को खरोंचे आई। चेम्बर में हंगामा हुआ, सैकड़ों दर्शक और सदस्य बाहर निकल आये। कुछ देर

बाद खामोशी छा गई। मै और साथी बी के दत्त खामोशी के साथ दर्शक गैलरी में बैठे रहे और हमने स्वयं अपने को प्रस्तुत किया कि हमें गिरफ्तार कर लिया जाये। हमें गिरफ्तार कर लिया गया। अभियोग लगाये और हत्या के अपराध में सजा दी गई, लेकिन बमों से चार–पांच आदमियों को मामूली सा नुकसान पहुँचा और जिन्होंने यह अपराध किया, उन्होंने बिना किसी किस्म के हस्तक्षेप के अपने–आपको गिरफ्तारी के लिए पेश कर दिया। सेशन जज ने स्वीकार किया कि यदि हम भागना चाहते तो भागने में सफल हो सकते थे। हमने अपना अपराध स्वीककार किया और अपनी स्थिति स्पष्ट करने के लिए बयान दिये। हमें सजा का भय नहीं है। लेकिन हम नहीं चाहते कि हमें गलत तौर पर समझा जाये। हमारे बयान से कुछ पैराग्राफ काट दिये गये हैं। यह वास्तविक स्थिति की दृष्टि से हानिकारक है।

समग्र रूप से हमारे वक्तव्य के अध्याय से साफ प्रकट होता है कि हमारे दृष्टिकोण से हमारा देश एक नाजुक दौर से गुजर रहा है, इस देश में काफी ऊँची आवाज में चेतावनी देने की जरूरत थी और हमने अपने विचार के अनुसार चेतावनी दी है। सम्भव है कि हम गलती पर हों, हमारा सोचने का ढंग जज महोदय के सोचने के ढंग से भिन्न हो, लेकिन इसका अर्थ यह नहीं कि हमें विचार प्रकट करने की स्वीकृति न दी जाये और गलत बातें हमारे साथ जोड़ी जायें।

'इन्कलाब जिन्दाबाद' और 'साम्राज्यवाद मुर्दाबाद' के सम्बन्ध में हमने जो व्याख्या अपने बयान में दी है, उसे उड़ा दिया गया है। हालांकि यह हमारे उद्देश्य का खास भाग है। 'इन्कलाब जिन्दाबाद' से हमारा वह उद्देश्य नहीं था, जो आमतौर से गलत अर्थ में समझा जाता है। पिस्तौल और बम इन्कलाब नहीं लाते, बल्कि इन्कलाब की तलवार विचारों की सान पर तेज होती है और यही चीज थी, जिसे हम प्रकट करना चाहते थे। हमारे इन्कलाब का अर्थ पूजीवादी युद्धों की मुसीबतों का अन्त करना है। मुख्य उद्देश्य और उसे प्राप्त करने की प्रक्रिया को समझे बिना किसी सम्बन्ध में निर्णय देना उचित नहीं है। गलत बातें हमारे साथ जोड़ना साफ–साफ अन्याय है।

इसकी चेतावनी देना बहुत आवश्यक था। बेचैनी रोज–रोज बढ़ रही है। यदि उचित इलाज न किया गया तो रोग खतरनाक रूप ले लेगा। कोई भी मानवीय शक्ति इसकी रोकथाम नहीं कर सकेगी। अब हमने इस तूफान का रुख बदलने के लिए यह कार्यवाही की है। हम इतिहास के गम्भीर अध्येता है। हमारा विश्वास है कि यदि सत्ताधारी शक्तियाँ ठीक समय पर सही कार्यवाही करती तो फ्रांस और रूस की खूनी क्रांति न बरस पड़ती! दुनिया की कई बड़ी–बड़ी हुकूमते विचारों

के तूफान को रोकते हुए खून–खराबे के वातावरण में डूब गई, सत्ताधारी लोग परिस्थितियों के प्रभाव को बदल सकते हैं। हम पहले चेतावनी देना चाहते थे और यदि हम कुछ व्यक्तियों की हत्या करने के इच्छुक होते तो हम अपने मुख्य उद्देश्य में असफल हो जाते।

माई लार्ड! नीयत और उद्देश्य को दृष्टि में रखते हुए हमने कार्यवाही की और इस कार्यवाही के बयान हमारा समर्थन करते हैं। एक नुक्ता स्पष्ट करना आवश्यक है, यदि हमें बमों की ताकत के सम्बन्ध में कोई ज्ञान नहीं होता तो हम पंडित मोतीलाल नेहरू, श्री केसरकर, श्री ज़यकर, श्री जिन्ना जैसे सम्माननीय राष्ट्रीय व्यक्तियों की उपस्थिति में क्यों बम फेंकते? हम नेताओं के जीवन को किस तरह खतरे में डाल सकते थे? हम पागल तो नहीं है और अगर पागल होते, तो हमें जेल में बन्द करने के बजाये पागलखाने में बन्द किया जाता। बम के सम्बन्ध में हमें निश्चित जानकारी थी। उसी के कारण ऐसा साहस किया। जिन बैंचो पर लोग बैठे थे, उन पर बम फेंकना निहायत मुश्किल काम था। अगर बम फेंकने वाले सही दिमाग के न होते या वे परेशान (असंतुलित) होते तो बम खाली जगह की बजाये बैंचो पर गिरते। मैं तो कहूंगा, खाली जगह के चुनाव के लिए जो हिम्मत हमने दिखाई, उसके लिए हमें इनाम मिलना चाहिए। इन हालातों में माई लार्ड! हम सोचते हैं, हमें ठीक तरह समझा नहीं गया। आपकी सेवाओं में हम सजाओं में कमी कराने नहीं आये, बल्कि अपनी स्थिति स्पष्ट करने आये हैं। हम तो चाहते हैं कि न तो हमसे अनुचित व्यवहार किया जाये और न ही हमारे सम्बन्ध में अनुचित राय दी जाये। सजा का सवाल हमारे लिए गौण है।'

भगत सिंह भारतमाता के एक सच्चे सपूत थे। भारत की गुलामी के लिए उनके दिल में जो दर्द था, उसी के लिए वह क्रान्तिकारी बने थे। यद्यपि उनके भाषण में कहीं भी, कोई भी बात ऐसी नही है, जो सही न हो, फिर भी विदेशी अंग्रेजों से न्याय की आशा करना बालू से तेल निकालने के समान था। श्री आसफ अली ने इस पर दो दिन तक बहस की, सरकारी वकील ने तीसरे दिन आधे दिन तक उनके तर्कों का उत्तर दिया। इस बीच भगत सिंह स्वयं भी बहस करने लगते थे। अन्त में 13 जनवरी, 1930 को हाईकोर्ट ने सेशन जज के फैसले को मान्य ठहराते हुए अपील खारिज कर दी।

(6)

लाहौर जेल में भूख हड़ताल

असेम्बली बम काण्ड में भगत सिंह एवं बटुकेश्वर दत्त पर जो मुकदमा दिल्ली में चला, उसमें उन्हें यूरोपियन क्लास में रखा गया था और यहां उनके साथ अच्छा व्यवहार किया जाता था, किन्तु अन्य जेलों में कैदियों के साथ यह बात न थी। साथ ही इधर सरकार उन्हें साण्डर्स हत्या के मामले की चपेट में लेने की तैयारी भी कर रही थी। इसके लिए इकबाली गवाह भी मिल गये थे। वस्तुतः इसीलिए उन्हें मियांवाली जेल में स्थानान्तरित कर दिया गया था। इस जेल मे उनका अनेक राजनीतिक कैदियों से परिचय हुआ, जो 1914–15 के 'गदर आन्दोलन', 'मार्शल लॉ एजिटेशन' तथा 'बब्बर अकाली आन्दोलनों' में भाग लेने के कारण उम्र कैद की सजा भुगत रहे थे। यहां भगत सिंह ने राजनीतिक कैदियों पर होने वाले अत्याचारों को देखा और सुना। अन्त में वह भूख हड़ताल करने के नतीजे पर पहुंचे। यहां उन्होंने उन सभी कैदियो को सम्बोधित करते हुए कहा—

"साथियों! यदि हम जेल से बाहर होते तो अपनी आजादी की लड़ाई को जारी रखते हुए समाप्त हो गये होते, इस जेल को भी अंग्रेज सरकार ने बनाया है, जिसका मकसद देशभक्तों के मन तथा स्वास्थ्य को कमजोर करना है। यहां इन्सान को इन्सान नहीं समझा जाता और न ही उसके साथ वैसा बर्ताव ही किया जाता।"

फिर उन्होंने भूख हड़ताल करने का सुझाव दिया। सभी कैदी उनके सुझाव से सहमत हुए। इसलिए उन्होंने 15 जून, 1929 से भूख हड़ताल शुरू कर दी और 17 जून, 1929 को उन्होंने पंजाब राज्य के इंस्पेक्टर जनरल, जेल को निम्न लिखित पत्र लिखा—

सेवा में,

इंस्पेक्टर जनरल, जेल

पंजाब जेल्स, लाहौर

प्रिय महोदय,

इस सच्चाई के बावजूद साण्डर्स शूटिंग केस में गिरफ्तार दूसरे नवयुवकों के साथ ही मुझ पर भी मुकदमा चलेगा, मुझे दिल्ली में मियांवाली जेल में बदल दिया गया है। उस मामले की सुनवाई 26 जून, 1929 से आरम्भ होने वाली है। मैं यह समझने मं असमर्थ रहा हूं कि मुझे यहां स्थानान्तरित करने के पीछे क्या भावना काम कर रही है?

जो भी हो, न्याय की मांग है कि हर एक अभियुक्त को वे सुविधाएं मिलनी चाहिए, जिससे वह अपने मुकदमें की तैयारी कर सके और मुकदमा लड़ सके। किन्तु यहां रहते हुए मैं अपना वकील कैसे रख सकता हूं, क्योंकि यहां रहने पर मेरे लिए अपने पिताजी तथा अन्य रिश्तेदारों से सम्पर्क रखना मुश्किल है। यह स्थान काफी अलग–थलग है, रास्ता कठिन है और लाहौर से काफी दूर है।

मैं अनुरोध करता हूं कि आप तुरन्त मुझे लाहौर जेल भेजने का आदेश दें, जिससे मुझे अपना केस लड़ने की तैयारी करने का उचित अवसर मिल सके। आशा है शीघ्र ध्यान दिया जायेगा।

आपका

भगत सिंह

आजन्म कैदी मियांवाली जेल

17–6–1929

इस प्रार्थनापत्र का अनुकूल प्रभाव रहा, अतः उन्हें लगभग एक सप्ताह के अन्दर ही लाहौर सेण्ट्रल जेल भेज दिया गया। यहीं बटुकेश्वर दत्त भी थे। वह भी भूख हड़ताल में शामिल हो गये। सुखदेव, जतीन्द्रनाथ दास, अजय घोष, शिव वर्मा, गया प्रसाद, जयदेव कुमार, राजगुरु तथा के. के. सिन्हा पर भी साण्डर्स काण्ड का मुकदमा चल रहा था। ये सभी लाहौर की बोस्टल जेल में थे। भगत सिंह की भूख हड़ताल का समाचार सुनकर दत्त ने भी 15 जून, 1929 से ही भूख हड़ताल प्रारम्भ कर दी; केवल जतीन्द्र नाथ दास चार दिन बाद इस हड़ताल में शामिल हुए। इस भूख हड़ताल से भगत सिंह के वजन में तेजी से गिरावट आनी शुरू हो गयी। हड़ताल शुरू होने के दिन 15 जून, 1929 को

उनका वजन 133 पौंड था, किन्तु 9 जुलाई, 1929 को इसमें 14 पौंड की कमी आ गयी। इसी तरह अन्य साथियों का भार भी घटने लगा। पर सभी ने हड़ताल जारी रखी। ये समाचार अखबारों में छपने लगे। सरकार के व्यवहार के विरोध में जगह–जगह सभाएँ होने लगीं। अमृतसर के जलियांवाला बाग में 30 जून, 1929 को नगर कांग्रेस तथा नौजवान भारत की एक संयुक्त सभा हुई। इस सभा के अध्यक्ष डॉ. किचलू थे। सभा में भगत सिंह के प्रिय नारे 'इन्कलाब जिन्दाबाद' तथा 'साम्राज्यवाद का नाश हो' के नारे लगाये गये। भगत सिंह और उनके कार्यों की प्रशंसा की गयी। देवकी नन्दन चरण एवं मास्टर मोतासिंह आदि ने उन्हें अपनी शुभकामनाएं अर्पित की। अन्त में जनाब हसन उद्दीन का निम्नलिखित प्रस्ताव सर्व सम्मति से स्वीकार कर लिया गया–

"अमृतसर के नागरिकों की यह सभा भगत सिंह तथा बटुकेश्वर दत्त द्वारा चौदह दिनों से राजनीतिक कैदियों से दुर्व्यवहार के विरोध में शुरू हुई भूख हड़ताल की प्रशंसा करती है तथा उनके साथ हमदर्दी प्रकट करते हुए नौकरशाही को यह चेतावनी देती है कि यदि उनके जीवन को कहीं कोई खतरा हुआ, तो इसकी जिम्मेदारी उसी की होगी।"

नौजवान भारत सभा लाहौर की ओर से भी 21 जुलाई, 1929 को भगत सिंह दिवस मनाया गया। इसमें लगभग दस हजार व्यक्तियों ने भाग लिया था।

जनता द्वारा प्रबल विरोध किये जाने पर भी भूख हड़ताल करने वालों के लिए सरकार के व्यवहार में कोई परिवर्तन नहीं आया। उन्हें जबर्दस्ती भोजन देने की कोशिश की गयी, किन्तु उन्होंने इसका विरोध किया।

10 जुलाई को साण्डर्स हत्याकाण्ड के मामले की सुनवाई लाहौर के मजिस्ट्रेट श्री कृष्ण की अदालत मं शुरू हुई। अदालत इसी जेल में लगी। भगत सिंह एवं बटुकेश्वर दत्त को अदालत की कोठरी तक स्ट्रेचर में लाया गया। यहीं वे अपने अन्य साथियों, सुखदेव, शिव वर्मा आदि से मिले। इसके बाद 12 जुलाई को अदालत में ही मजिस्ट्रेट के सामने जयदेव ने बताया कि बोस्टल जेल के कैदियों का दूसरा दल भी भगत सिंह के समर्थन में भूख हड़ताल कर रहा है।

14 जुलाई, 1929 को भगत सिंह ने भारत सरकार के होम मेम्बर को एक पत्र लिखा। इस पत्र मे जेल के कैदियों के लिए निम्नलिखित मांगें की गयी थीं–

1. राजनीतिक कैदी होने के नाते हमें अच्छा खाना दिया जाना चाहिए।

इसलिए हमारे भोजन का स्तर यूरोपीय कैदियो के समान होना चाहिए। हम उसी खुराक की मांग नहीं करते, पर स्तर वहीं होना चाहिए।

2. हमें परिश्रम करने के नाम पर जेलों में अपमानजनक काम करने को मजबूर नहीं किया जाना चाहिए।

3. हमें बिना रोक–टोक पहले इजाजत मिल जाने पर किताबें और लिखने का सामान लेने की सुविधा मिलनी चाहिए।

4. कम से कम रोज का एक अखबार हर एक कैदी को मिलना चाहिए।

5. हर एक जेल में राजनीतिक कैदियों का एक विशेष वार्ड होना चाहिए। इसमें उन सभी जरूरतों की पूर्ति होनी चाहिए, जो यूरोपीय कैदियों को मिलती है। एक जेल में रहनेवाले सभी राजनीतिक कैदियो को उसी वार्ड में रखना चाहिए।

6. स्नान के लिए सुविधाए मिलनी चाहिएँ।

7. कपड़े अच्छे मिलने चाहिए।

8. यू. पी. जेल सुधार समिति श्री जगतनारायण तथा खान बहादुर हाफिज हिदायत हुसैन की यह सिफारिश कि राजनीतिक कैदियों के साथ अच्छी श्रेणी के कैदियों जैसा व्यवहार होना चाहिए, हम पर भी लागू होना चाहिए।

यह भूख हड़ताल भगत सिंह के जीवन में एक अनोखी परीक्षा थी। भले ही वह शरीर से कमजोर हो गये थे, लेकिन फिर भी अदालत में उन्हें हथकड़ी लगाकर लाया जाता था। एक बार 17 जुलाई, 1929 को इन अभियुक्तों ने हथकड़ी पहनने से इन्कार किया। भगत सिंह को स्ट्रेचर में लाया गया। इतने कमजोर होने पर भी वह अदालत में उठ खड़े हुए। उन्होंने मजिस्ट्रेट को डाँटते हुए कहा–"पुलिस से हथकड़ी पहनने में हम अपना अपमान समझते हैं तथा हमारे प्रति न्याय करनेवाले बनें। आपने हमारी किसी भी शिकायत को नहीं सुना, हमें आप पर बिल्कुल विश्वास नहीं है। आप हर मामले में पुलिस के इशारों पर नाच रहे हैं। हथकड़ी लगी होने पर हम एक–दूसरे से मुकदमें के बारे मे बातचीत भी कैसे कर सकते हैं? इस अदालत में हमें न्याय की आशा नहीं है। फिर यह ढोग क्यों? क्या आप या के. बी. अब्दुल आजाज एक पुलिस अधिकारी अदालत की अध्यक्षता कर रहे हैं?"

मजिस्ट्रेट ने भगत सिंह के इस व्यवहार पर आपत्ति की और इसे अपमानजनक व्यवहार तथा गुण्डागर्दी का काम बताया। साथ ही जेल अधीक्षक को परामर्श दिया कि भगतसिंह के खिलाफ अनुशासन की कार्यवाही की जाय।

अधीक्षक सेण्ट्रल जेल लाहौर ने इन्सेपक्टर जनरल जेल पंजाब को 15 जुलाई, 1929 को एक रिपोट भेजी जिसके अनुसार भगत सिंह तथा दत्त को एक विशेष प्रकार का भोजन दिया गया। किन्तु भगत सिंह ने इसे अस्वीकार कर दिया। उनका कहना था कि सरकारी बजट में कैदियों के भोजन की मात्रा छपनी चाहिए और उसे सभी राजनीतिक कैदियों के लिए लागू करना चाहिए।

यह भूख हड़ताल सरकार के लिए एक चुनौती बन गयी थी। तीस जुलाई तक भगत सिंह का वजन 5 पौंड प्रति सप्ताह घटता गया और बाद में ठहर गया।

भूख हड़तालियों की गिरती दशा :

अनशन करने वालों का स्वास्थ्य दिन पर दिन गिरता जा रहा था, पर जेल अधिकारी उनकी उचित मांग को मानने के बजाय, उन्हें जबर्दस्ती भोजन कराने की कोशिश करने लगे। इधर भारत–माँ के ये निराले लाडले भी किसी और मिट्टी के बने थे। किशोरीलाल गर्म पानी तथा लाल मिर्च निगल लेते, ताकि जब उन्हें जबर्दस्ती नाक से ट्यूब गुजारकर भोजन कराया जाए, तो इतनी खांसी हो कि ट्यूब निकालनी पड़ जाए। ऐसा न करने पर दम घुटकर मरना निश्चित था। अजय घोष ने इसी तरह जबरदस्ती भोजन कराये जाने के बाद तत्काल मक्खियां निगल लीं, ताकि सब खाया–पीया उल्टी में बाहर आ जाए। हड़ताल तोड़ने के लिए हड़तालियों के कमरे में पानी की जगह दूध के घड़े रख दिये गए। यह सबसे कठिन परीक्षा थी। प्यास के मारे बुरा हाल होने पर हड़तालियों ने घड़े फोड़ना शुरू कर दिया। हारकर जेलर को पानी के घड़े फिर से रखवाने पड़े। दवाइयों के माध्यम से भोजन देने की कोशिश की गयी इसका भी विरोध किया गया। कैदियो को कोठरियों में खूशबूदार पकवान फेंक दिये जाते, ताकि वे ललचा जाएं, पर कैदी उन्हें फेंक देते। जेल अधिकारियों की सारी चालें बेकार गयीं।

अत्यन्त कमजोर होने पर भी भगतसिंह अपने सभी साथियों से मिलते रहते थे और दूसरे साथियो से मिलने के लिए वे बोस्टल जेल भी जाते थे।

जतीन दास की शहादत :

जतीन दास न जाने किस मिट्टी का बना था; उसे किसी प्रकार से भी भोजन कराने की सारी कोशिशें बेकार रहीं। जेल मे सभी कैदियो को पंजाबी खाना दिया जाता था, किन्तु जतीन दास को ललचाने के लिए बंगाल का प्रिय भोजन मछली और चावल दिया गया। इसका भी उस पर कुछ असर नहीं हुआ। भला शेर भी

कहीं घास खा सकता है; चाहे वह पिंजड़े मे बन्द ही क्यों न हो। 24 जुलाई को उसे अस्पताल ले जाया गया। अस्पताल में डाक्टर भी रबड़ की नली से कुछ खिलाने में सफल न हुए। वह दवाइयां भी नहीं लेता था। डाक्टरों का भी मत था कि यदि उसे इस प्रकार वलात् भोजन दिया, तो वह मर जाएगा। इस प्रकार भोजन करने के वह एकदम विरुद्ध थे। इस विषय मे उनकी भगतसिंह के साथ हुई बातचीत निम्नलिखित है–

जतीन दास–तुम बलपूर्वक भोजन क्यो करते हो?भगत सिंह–मैं जितना हो सकता है, विरोध करता हूं, पर वे मुझे बलपूर्वक भोजन देने में सफल हो जाते हैं, यह दो साल तक भी चल सकता है। मेरी नाक बड़ी है, जिसमें वे आसानी से नली डालकर भोजन दे सकते हैं।

जतीन दास की नाक किसी चिड़िया की तरह छोटी–सी थी। उसके द्वारा दवा लेने से इन्कार कर दिये जाने पर अगस्त, 1929 मे डा. गोपीचन्द भार्गव (जो बाद में पंजाब के मुख्यमंत्री बने) जेल मे हड़तालियो से मिलने आये। उन्होंने जब जतीन दास से यह पूछा कि तुम दवा तथा पानी आदि क्यों नहीं लेते, तो उसका उत्तर था–

"मैं मरना चाहता हूं।"

"क्यों?"

"अपने देश के लिए तथा राजनीतिक अभियुक्तों की अवस्था को सुधारने के लिए।"

6 तथा 9 अगस्त, 1929 को पंजाब सरकार ने राजनीतिक कैदियों को कुछ रियायते देने की घोषणा की, इसके अनुसार उनके लिए कुछ विशेष प्रकार का भोजन देना स्वीकार कर लिया। बाहर से भोजन आदि मंगाने की सुविधा दे दी गयी तथा सामान्य नागरिकों की तरह के कपड़े पहनने की आज्ञा दे दी गयी। ये मांगे हड़तालियों की सभी मांगों को पूरा नहीं करती थीं, हड़ताल चलती रही।

जतीन दास की स्थिति को देखकर भगतसिंह ने कई बार उसे दूध पी लेने के लिए दबाब डाला, पर दास नहीं माननेवाला था; न माना। भगत सिंह ने फिर भी बार–बार जिद की, तब वह केवल इतने भर के लिए राजी हुआ कि भगत सिंह उसे दूध या ताकत की दवा लेने के लिए नहीं कहेंगे, केवल दवा ही लेगा; दवा भी केवल डा. गोपीचन्द भार्गव ही देंगे, तब डा. गोपीचन्द्र भार्गव ने जतीन दास से कहा, 'मैं रोज तुम्हें दवा दने आऊंगा। मैं मेजर चोपड़ा (सुपरिण्टेण्डेण्ट जेल) से मिलकर इसकी व्यवस्था कर दूँगा।' किन्तु दूसरे दिन जतीन दास ने

अपना विचार फिर बदल दिया, दवा लेने से भी इन्कार कर दिया। डा. गोपीचन्द भार्गव के कहने पर पानी में अण्डे की जर्दी तथा ग्लूकोज मिलाकर उन्हें धोखे से पिलाया गया।

21 अगस्त, 1929 को डा. गोपीचन्द भार्गव, राजर्षि पुरुषोत्मदास टण्डन के साथ एक बार जतीन दास से मिलने आये थे। टण्डनजी ने जतीन दास से पूछा–"*अच्छा आप जीवित रहने की, मेरा भाव है,* अपने जीवन को और अधिक जीने की कोशिश करें।"

दास ने कहा–"मैं जी रहा हूं"

टण्डन–"आप दवाई तथा खुराक आदि के बिना कैसे जी सकते हैं?"

दास–"अपनी इच्छा–शक्ति द्वारा।"

डा. भार्गव–मैं नही सोचता कि आप ऐसा कर सकते हैं। मैं आपको अपने आदर्शों से अलग होने की बात नहीं करता। आप भूख हड़ताल मत छोड़ें, परन्तु जीवन को दूर तक ले जाने के लिए कुछ दवाई वगैरह अवश्य ले लेवें। लगभग पन्द्रह दिन तक अपने दु:खो का परिणाम जानने के लिए अवश्य जीवें, तब यदि आप देखें कि आपकी मांगे पूरी नहीं हुई तो आप दवाई लेना बन्द भले कर दें।

दास–मुझे सरकार पर कोई विश्वास नहीं है। मैं अब पीछे लौट नहीं सकता। मैं अपनी इच्छा–शक्ति से बिल्कुल जिन्दा रह सकता हूँ।

30 अगस्त को भगत सिंह के पिता सरदार किशन सिंह जतीन दास से मिलने आये। उन्होंने भी जतीन दास को मनाने की हर सम्भव कोशिश की, किन्तु उन्हें भी कोई सफलता नहीं मिली।

जतीन दास की हड़ताल के बावनवें दिन पण्डित मोतीलाल ने उसकी करुणाजनक हालत पर जो भाषण दिया था उससे इस दशा का अच्छा चित्रण होता है–

"आज अनशन का बावनवाँ दिन है और यह अनशन एक सार्वजनिक उद्देश्य से किया गया है, उनके अपने लाभ के लिए नहीं। श्री विद्यार्थी ने स्वयं अनशनकारियों के शरीर पर उन चोटों के निशान देखें हैं, जो उन्हें बलपूर्वक भोजन देते समय लगी है।"

पण्डित जवाहरलाल नेहरू भी इन अनशन करने वालों से मिलने गये थे। वहाँ जतीन दास से मुलाकात करने के बाद, उसक विषय में उन्होने यह वक्तव्य दिया–

"जतीन दास की हालत बहुत नाजुक है, वह बहुत धीमें बोल पाता है। वह निश्चय ही धीरे–धीरे मौत की तरफ बढ़ रहा है। उन बहादुरों की तकलीफों को देखकर मुझे बहुत दु:ख हुआ। वे इतना चाहते हैं कि राजनीतिक बन्दियों के साथ राजनीतिक बन्दियों की तरह व्यवहार किया जाए। मुझे पूरा विश्वास है कि उनका आत्मबलिदान सफल होगा।"

अनशन के कारण लाहौर–काण्ड के इस मुकदमें को कई बार बीच में रोकना पड़ा। डाक्टरी रिर्पोट के अनुसार 26 अगस्त को जतीन दास केवल बुदबुदा भर सकता था। शरीर के अंग सुन्न पड़ गये थे। वह शरीर के निचले भाग को नहीं उठा सकता था। दशा अत्यन्त गम्भीर हो गयी थी। इस अनशन की सहानुभूति में सारे देश में सांकेतिक भूख हड़ताल रखी गयी। तब सरकार ने हार स्वीकार कर ली तथा 2 सितम्बर, 1929 को पंजाब कारावास जांच समिति नियुक्त की गयी। इस समिति के चार सदस्य जेल में जाकर अनशनकारियों से मिले; उनसे अनशन समाप्त करने की अपील की। अत: 2 सितम्बर, 1929 को जतीन दास के अतिरिक्त सभी ने अनशन बन्द कर दिया। इस दिन भगत सिंह एवं बटुकेश्वर दत्त को 81 दिन तथा अन्यों को 51 दिन अनशन करते हुए हो गये थे। जतीन दास की हालत बड़ी ही दयनीय हो गयी, अत: अन्य साथियों ने सरकार के झुक जाने पर भी इसे अपनी हार ही समझा। अपने एक साथी को अनशन करते हुए मौत के मुंह में जाता देखकर भी स्वयं भोजन करना उन्हें उचित नहीं लगा; उनकी आत्मा उन्हें कचोटने लगी; इसलिए भगत सिंह, बटुकेश्वर दत्त तथा तीन अन्य साथियों ने केवल दो दिन बाद 4 सितम्बर, 1929 को जतीन दास की बिना शर्त रिहाई तथा जिन पर अभी तक कोई अपराध सिद्ध नहीं हुआ था, उन कैदियों को आपस में मिलने देने की मांग को लेकर पुन: अनशन प्रारम्भ कर दिया।

जतीन दास की बिना शर्त रिहाई की मांग को सरकार ने अस्वीकार कर दिया। जमानत पर रिहा करने को सरकार तैयार थी, तो इसे जतीन दास ने नहीं माना। डाक्टरी रिपोर्ट के अनुसार जतीन दास के जीवन के कुछ अन्तिम दिनों में उसकी हालत निम्नलिखित थी–

4 सितम्बर, 1929–नब्ज कमजोर, धीमी और कम।

9 सितम्बर, 1929–नब्ज तेज तथा रुक–रुककर चल रही है।

12 सितम्बर, 1929–एक बार कम हुई नब्ज रुक–रुककर चल रही है और दवा लेने से इन्कार करता है।

जेल की समिति ने स्वास्थ्य को देखते हुए जतीन दास को रिहा कर देने की सिफारिश की थी, परन्तु सरकार के कानों पर जूँ भी नहीं रेंगी। गृह विभाग ने अनुमान लगा लिया था कि वह सितम्बर के पहले सप्ताह में ही चल बसेगा। उसने बंगाल सरकार से दास के अन्तिम क्रियाकर्म के बारे में विचार जानने के लिए पत्र भी पहले ही लिख डाला था। बंगाल सरकार चाहती थी कि उसका शव उसके घरवालों को भी न दिया जाए और उसे बंगाल भी न भेजा जाए, उसकी अन्त्येष्टि लाहौर में ही कर दी जाए, पर भारत सरकार ने बंगाल सरकार की यह बात नहीं मानी और रेल द्वारा शव को बंगाल भेजने का निश्चय कर लिया, किन्तु रेलवे विभाग ने अपने नियमों का हवाला देकर ऐसा करने में अपनी असमर्थता व्यक्त की थी।

अन्त में अपनी हठ के धनी, अनोखे देशभक्त तथा मातृभूमि के इस विरले सपूत को 13 सितम्बर, 1929 को मौत ने अपने क्रूर आगोश में ले लिया। उसकी इस शहादत की खबर पूरे देश में जंगल में आल की तरह फैल गयी। डा. किचलू, सरदार किशन सिंह तथा अन्य कांग्रेसी नेता जेल की तरफ दौड़ पड़े। चारों दिशाएँ 'जतिन दास जिन्दाबाद', 'इन्कलाब जिन्दाबाद' तथा नौकरशाही का नाश हो' 'साम्राज्यवाद मुर्दाबाद' के नारो से गूज उठी। उनके शव का 'पोस्ट मार्टम' भी नहीं किया गया। सिविल सर्जन ने जेल का रिकार्ड देखकर ही प्रमाण–पत्र दे दिया कि मृत्यु भूखा रहने के कारण हुई, अतः 'पोस्ट मार्टम' की जरूरत नहीं है। इससे अधिक कानून का मजाक और क्या हो सकता है।

सारा देश शोक में डूब गया; आँसूओं से भीग उठा; हर भारतीय का दिल दर्द से कराह उठा; भगत सिंह तथा उनके साथी एक असहनीय पीड़ा से कराह उठे। अंग्रेज सरकार के विरोध में देश के सभी भागों में एक तूफान उमड़ने लगा। ब्रिटिश साम्राज्य का सिंहासन डावांडोल हो उठा। नेताजी सुभाषचन्द्र बोस ने जतीन दास के मृत शरीर को लाहौर से कलकत्ता ले जाने के लिए उनके भाई श्री के. सी. दास के लिए छः सौ रुपये भेजे। शव श्री के. सी.दास को सौंप दिया गया। बोस्टल जेल में शाम 4 बजे शव जूलूस के रूप में ले जाया गया, जिसमें हजारों लोगों ने भाग लिया। इसके आगे–आगे डा. गोपीचन्द्र भार्गव डा. किचलू, सरदार किशन सिंह, शरदूल सिंह आदि प्रसिद्ध व्यक्ति चल रहे थे। लिटन रोड, अनारकली, लाहौर गेट, पापड़मण्डी, माछीहाता, रंगमहल, डब्बी बाजार तथा पुरानी कोतवाली होता हुआ शाम साढ़े आठ बजे दिल्ली दरवाजे पहुंचा। यहां एक शोक सभा का

अयोजन किया गया, जिसकी अध्यक्षता श्री मुहम्मद आलम ने की। इसमे स्वर्गीय आत्मा को श्रद्धांजली दी गयी। इसके बाद शव को नौलखा पुलिस स्टेशन, शहीद गंज लाया गया। यहां से कफन आदि में रखकर फिर इसे लाहौर रेलवे स्टेशन ले गये। यहा पर दिवंगत आत्मा को लाखों की संख्या में लोगों ने अपनी श्रद्धांजलियाँ दी। इसके बाद 14 सितम्बर, 1929 को सुबह 6 बजे लाहौर एक्सप्रेस से शव को कलकत्ता के लिए ले गये। दूसरे दिन 15 सितम्बर को शाम सात बजकर पचास मिनट पर शव हावड़ा पहुंचा। कलकत्ता रेलवे स्टेशन पर अपने इस प्रिय क्रान्तिकारी के अन्तिम दर्शनों के लिए लाखों लोग स्टेशन के बाहर और अन्दर इन्तजार कर रहे थे। श्मशान घाट तक शव यात्रा मे छ लाख लोगों ने भाग लिया था।

जतीन दास की इस शहादत पर समूचे देश में असंतोष की लहर दौड गई। अंग्रेजों के इस काले कारनामें के विरोध में जगह–जगह सभाएं की गई; लोगों ने जतीन दास को श्रद्धांजली दी। दास की मृत्यु पर सबसे अधिक दुःख भगत सिंह को हुआ था, क्योंकि वही उसे कलकत्ता से पंजाब लाये थे। उन्होंने जतीन दास की मृत्यु पर एक कविता भी लिखी थी, जिसे वह अपने अन्य साथियों को सुनाया करते थे।

पण्डित मोतीलाल नेहरू ने कैदियो के प्रति दुर्व्यवहार तथा जतिन दास की शहादत पर ध्यान आकृष्ट करने के लिए 14 सितम्बर, 1929 को विधान सभा में एक स्थगन प्रस्ताव रखा, जिसमे बोलते हुए उन्होंने कहा था कि सरकार में मानवीय तत्वों का पूरी तरह अभाव था। दास की मृत्यु के अन्त तक सरकार का चुप बैठा रहना रोम के जलने पर नीरो के वंशी बजाने के समान था। इसी विषय पर बोलते हुए पण्डित मदनमोहन मालवीय ने भगत सिंह तथा अन्य क्रान्तिकारियों के कार्यों की प्रशंसा की। इसी प्रस्ताव के समर्थन में विधानसभा के एक अन्य सदस्य श्री अमरनाथ दत्त ने कहा था–

"अंग्रेजों का नाश होगा। इस बात को उनके द्वारा बहाये गये खून से शब्दों में लिख लो। निराशा एवं घृणा मिट जाएंगे। उतने अधिक नष्ट होंगे जितना कि अत्याचार करेंगे।"

अपने भाषण के अन्त में रवीन्द्रनाथ टैगोर की कविता की निम्नलिखित पंक्तियां पढ़ी थी–

"बोझा तोर भारी होले
डूब तारी खान।"

अर्थात् तेरे पाप को बोझ अधिक भारी होने पर, तेरा जहाज डूब जायेगा।

केन्द्रीय असेम्बली में जान मुहम्मद अली जिन्ना ने भी जतीन दास को अपनी श्रद्धांजली दी। इस अवसर पर विधि सदस्य सर बी. एल. मित्तल को सम्बोधित करते हुए उन्होंने कहा था–

"यह कोई मजाक नहीं है। मैं माननीय विधि सदस्य को यह समझाना चाहता हूँ कि भूख हड़ताल से मरना हर किसी के बूते की बात नहीं है। आप आजमाकर देखिये, आपको मालूम हो जायेगा। भूख हड़ताली की भी आत्मा है। वह उसी आत्मा से प्रेरित होता है और अपने उद्देश्य के औचित्य में एतबार करता है। मुझे अफसोस है कि गलत या सही, आज का युवा उत्तेजित है तथा जहां आपके पास तीस करोड़ लोग हों, आप इस तरह रोक नहीं सकते–बिल्कुल नहीं रोक सकते। आप उन्हें कितना ही लताड़ें और कितना ही कहें कि उन्हें गलत रास्ते पर चलाया गया है। आपकी कार्यवाही नीतियों के खिलाफ है, और याद रहे जेलों के बाहर भी हजारों नौजवान हैं।"

जतीन दास की मृत्यु पर श्री एम. आर. जयकर ने इस मृत्यु का मर्मस्पर्शी वर्णन करते हुए कहा था–

वह धीरे–धीरे, तिल–तिलकर। एक हाथ को खुराक की कमी से लकवा मार गया था, दूसरा हाथ पोषण की कमी से बेकार हो गया था पहले एक पांव बेकार हुआ, फिर दूसरा तथा फिर मनुष्य को मिली अन्तिम अमूल्य भेंट दृष्टि चली गयी। उन आंखों की चमक धीरे–धीरे बुझनी शुरू हुई। तिल–तिलकर–फांसी के फन्दे की तुरंत मौत नहीं, अपितु इतनी धीमी रफ्तार जैसे प्रकृति का सामान्य निर्माण और निर्दिष्ट का क्रम अपना लिया गया हो।

इस शोकाकुल वातावरण में देश के अनेक राष्ट्रप्रेमी समाचार–पत्रों ने अपने सम्पादकीय लेखों में जतीन दास को श्रद्धांजली दी तथा उन्हें एक परम देशभक्त, शूरवीर शहीद बताया। लाहौर से प्रकाशित होने वाले दैनिक समाचार–पत्र 'ट्रिब्यून' ने अपने संपादकीय में लिखा–

"यदि कोई व्यक्ति ऊँचे आदर्शों के लिए शूरवीर बना, तो वह व्यक्ति जतीन्द्रनाथ दास है और एक शहीद का रक्त सारी पीढ़ियों और देश में उत्तम जीवन का बीज सिद्ध हुआ है। जिसने सामाजिक ओर राजनीतिक स्थिति को सुधारा है।"

जतिन दास लाहौर षडयन्त्र केस में गिरफ्तार किये गए थे। इस केस में सरकार को परामर्श देने वाले; सरकारी सलाहकार ने भी जतीन दास को

श्रद्धांजली दी थी। जतीन दास की मृत्यु के बाद, जब 24 सितम्बर के दिन इस केस की पहली बार सुनवाई हुई तो उन्होंने अदालत में कहा था—

"अदालत की आज्ञा से मैं अपनी ओर से तथा अपने सहयोगियों की ओर से उस दु:खद घटना के लिए श्रद्धा के कुछ शब्द कहता हूँ, जो अदालत की पिछली बैठक में घटी थी—मैं सबकी ओर से जतीन्द्रनाथ दास की अंततः मृत्यु पर सद्‌भावनापूर्ण शोक प्रकट करने की इच्छा रखता हूं। उस व्यक्तित्व में कुछ ऐसी विशेषताएँ थी, जिनकी तारीफ किये बिना नहीं रहा जा सकता और वे थीं—एक आदर्श की पूर्ति के लिए साहसी एवं स्थिर रहना। भले ही हम उसके द्वारा अपनाये गये विचारों के भागीदार नहीं बन सकते, पर हम उसके दृढ़ साहस, उद्देश्य पूर्ति, की स्थिरता को रखते हुए, उसकी प्रशंसा करते हैं।"

भगत सिंह द्वारा बनाई गई भारतीय नौजवान सभा ने 26 एवं 27 सितम्बर को लाहौर में अपनी अखिल भारतीय सभा की। इस सभा की अध्यक्षता कामरेड सुहासिनी नाम्बायर ने की। इसमें निम्नलिखित प्रस्ताव पास किया—

यह सभा शहीद जतीन्द्र दास के आदर्श आत्मबलिदान के लिए श्रद्धांजलि अर्पित करती है और उसका उत्तरदायित्व सरकार पर डालती है।'

आयरलैण्ड मे इसी प्रकार श्री टैरेस मैक्स्वीनेह भी मातृभूमि के लिए शहीद हो गये थे। जतीन्द्र दास की मृत्यु पर श्री मैक्सवीनेह की पत्नी श्रीमती मैरी ने भी जतीन्द्र दास के परिवार को अपने संवेदना संदेश का तार भेजा था। जो इस प्रकार था—

"टैरेंस मैक्सीवीनेह का परिवार जतीन्द्रनाथ दास की मृत्यु पर देशभक्त भारतवासियों के दुखों और गर्व में साथ देता है। स्वतंन्त्रता आयेगी।"

एक ओर तो जतीन्द्र दास की मृत्यु से सारा देश शोक के सागर में डूबा हुआ था, दूसरी ओर पंजाब के गवर्नर ने अपने जालिमपने की हद कर दी। दास की मृत्यु 13 सितम्बर, 1929 को दोपहर बाद 1 बजकर 15 मिनट पर हुई थी। उसी दिन पंजाब का गवर्नर शिमला से लौटा और शाम को एक गार्डन पार्टी दी। अधिकतर भारतीय सदस्यों ने उसके निमन्त्रण को अस्वीकार कर दिया। भला इस तरह के घटिया व्यवहार को क्या कहा जा सकता है; 'जब रोम जल रहा था, तो नीरो बांसूरी बजा रहा था।'

अब सारा देश चाहता था कि भूख हड़ताल जल्द से जल्द समाप्त हो जाए। जनता और नेता दोनों अपने—अपने ढंग से इसे समाप्त कराने की कोशिश कर

रहे थे। तभी सरकार द्वारा बनाई गई जेल सुधार समिति ने अपनी सिफारिशें सरकार के पास भेज दीं। भगत सिंह समझ गये कि इनमें से अधिकतर मांगे मान ली जाएँगी। अतः उन्होंने अपेन साथियों से कहा–'बस इस बार इतना ही बहुत है। अब हमें देखना है कि सरकार इस सिफारिशों पर क्या करती है।' अतः वे अपनी हड़ताल समाप्त करने को राजी हो गये। जेल के अधिकारियों को इससे बड़ी राहत मिली। सबके लिए फलों का रस तैयार किया गया, किन्तु भगत सिंह फुलका एवं दाल से अनशन तोड़ना चाहते थे। यद्यपि डाक्टर ने समझाया कि इतने दिनों तक पेट खाली रहने पर दाल तथा फुलका लेना ठीक नहीं था, फिर भी क्रान्तिकारी अपनी जिद पर अड़े रहे। इसलिए जेल के अधिकारियों को मजबूरी के साथ उनकी बात माननी पड़ी। अन्त मे 15 अक्टूबर, 1929 को यह हड़ताल समाप्त हुई।

सरकार जाँच समिति की सिफारिशों को लागू करने में टालमटोल करने लगी। अतः भगत सिंह ने सरकार के इस कार्य का प्रबल विरोध किया। और उन्होंने विशेष मजिस्ट्रेट के माध्यम से भारत सरकार के गृहमन्त्री को एक तार भिजवाया। इसमें सरकार को चेतावनी दी गयी कि वह समिति की सिफारिशों से पीछे हट रही थी, अतः उसे अन्तिम निर्णय के लिए एक सप्ताह का समय दिया गया। भगत सिंह सच बात से पीछे हटनेवाले व्यक्ति नहीं थे, इसलिए उन्होनें स्वयं भी एक प्रार्थनापत्र दिनांक 20 जनवरी, 1930 को अलग से गृहमन्त्री, भारत सरकार को भेजा–

"हमने भूख हड़ताल जेल समिति के यह विश्वास दिलाने पर समाप्त कर दी कि राजनीतिक कैदियों के साथ व्यवहार का प्रश्न हमारी सन्तुष्टि के अनुसार शीघ्र ही अन्तिम और तौर पर निपटाया जा रहा है। अखिल भारतीय कांग्रेस कमेटी के भूख हड़ताल से सम्बन्धित प्रस्तावों की प्रतियां जेल के अधिकारियों ने रोक ली है। कांग्रेस को कैदियों से मिलने की आज्ञा देने से इन्कार कर दिया गया है। षड्यन्त्र केस (अण्डर ट्रायल) से सम्बद्ध व्यक्तियों को उच्च पुलिस अधिकारियों की आज्ञा से 23–24 अक्टूबर को निर्दयता से पीटा गया।'

ह.–भगतसिह, दत्त एवं अन्य

यह प्रार्थनापत्र सरकार के पास पहुंचा, पर सरकार समझी कि शायद यह बाहरी राजनीतिज्ञों के दबाव में आकर लिखा गया है। षडयन्त्र केस के बन्दियों के साथ मारपीट के विषय में भी सरकार ने पुलिस को निर्दोष माना। सरकार का मत था कि इन लोगों को केवल जबर्दस्ती अदालत में लाया गया था, किसी के

साथ कोई मारपीट नहीं की गयी। भगत सिंह और उनके साथी सरकार की इन लचर दलीलों से बिल्कुल असन्तुष्ट थे। अतः उन्हें साथियों सहित फरवरी, 1930 में दो सप्ताह के लिए फिर भूख–हड़ताल करनी पड़ी। इसलिए अन्त में सरकार को नाक रगड़कर समिति की मुख्य–मुख्य सिफारिशों के लिए कानून बनाना पड़ा। इस प्रकार जतीन दास के बलिदान एवं यातनाओं के सहने के बाद ये सुविधाएँ मिल सकी।

(7)

लाहौर षड्यन्त्र केस

पिछले अध्याय में बताया जा चुका है कि साण्डर्स हत्याकाण्ड के मामले की सुनवाई 10 जुलाई से लाहौर के मजिस्ट्रेट श्रीकृष्ण की अदालत में शुरू हुई थी और अदालत जेल में ही लगी थी। तब भगत सिंह एंव बटुकेश्वर दत्त भूख हड़ताल पर थे। कुल 24 व्यक्ति इस मामले से सम्बन्धित थे, जिनमें चन्द्रशेखर आजाद, भगवान दास, कैलाशपति, भगवती चरण बोहरा, यशपाल और सतगुरु दयाल–ये 6 व्यक्ति हाथ न आने के कारण फरार घोषित किये गये थे। अजय घोष, यतीन्द्रनाथ सान्याल तथा देवराज–इन तीनों को विभिन्न धाराओं के आधार पर छोड़ दिया गया था। शेष पन्द्रह व्यक्तियों पर मुकदमा चलाया गया। इनके अलावा सात अन्य व्यक्ति सरकारी गवाह बने थे, जिनके नाम रामसरन दास, ब्रह्मदत्त, जयगोपाल, फणीन्द्रनाथ घोष, मनमोहन बनर्जी, हंसराज बोहरा तथा ललितकुमार मुखर्जी है। इनमें से रामसरन दास और ब्रह्मदत्त को विश्वास करने योग्य नहीं समझा गया; अन्य पांच गवाहियों को ही मुकदमें में बुलाया गया।

सभी युवकों को विश्वास था कि मुकदमें में होना वही है जो अंग्रेज सरकार चाहेगी; चाहे न्याय का नाटक कितना ही क्यों न किया जाए, इसलिए उन्होंने इस केस में दिलचस्पी लेना ही छोड़ दिया। भगत सिंह और उनके साथियों ने अदालत की कार्यवाहियों को रोकने के लिए एक दूसरा ही रास्ता निकाल लिया; वे अदालत पहुंचते ही चारों ओर देखने लगते और फिर नारा लगता–'इन्कलाब जिन्दाबाद', इसके बाद 'वन्दे मातरम्' गाने लगते तथा फिर ये दीवाने झूम–झूमकर गाने लगते–

सरफरोशी की तमन्ना अब हमारे दिल में है,
देखना है जोर कितना बाजू–ए–कातिल में है।

वक्त आने दे बता देंगे तुझे ऐ आसमां,
हम अभी से क्या बताएं क्या हमारे दिल में है।
ऐ शहीदे मुल्को मिल्लत मैं तेरे ऊपर निसार,
अब मेरी किस्मत की चर्चा गैर की महफिल में है।
सरफरोशी की तमन्ना अब हमारे दिल में है।

'इन्कलाब जिन्दाबाद!' क्रान्तिकारियों के इस व्यवहार पर मजिस्ट्रेट श्रीकृष्ण वर्मा कुढ़कर रह जाता। उन दिनों यह अदालत लाहौर की सबसे मुख्य जगह बन गई थी। अदालत का मुख्य गेट सड़क पर था। स्कूलों और कालेजों के छात्र मौका मिलते ही वहां आकर जमा हो जाते। अदालत के बाहर लोगों का बहुत बड़ा समूह इकट्ठा हो जाता। भगत सिंह की आवाज बड़ी बुलन्द रहती थी। ऐसा वह इसलिए भी करते थे, ताकि बाहर खड़ी भीड़ भी इसे सुन सके। इन वीरों के राष्ट्रगीत या अन्य कोई भी क्रान्तिकारी गीत को सुनकर बाहर खड़ी भीड़ भी इसे दुहराने लगती। उन दिनों कवि ओमप्रकाश शर्मा का निम्नलिखित गीत अत्यधिक लोकप्रिय था। घर–घर में लोग इसे गाते थे–

कभी वो दिन भी आयेगा कि आजाद हम होंगे,
ये अपनी ही जमीं होगी यह अपना आसमां होगा।
शहीदों की चिताओं पर जुड़ेंगे हर बरस मेलें,
वतन पर मरनेवालों का यही बाकी निशां होगा।

न्यायाधीश के अदालत के कमरे में आते ही राष्ट्रीय एवं क्रान्तिकारी गीतों की स्वरलहरियां गूँजने लगतीं। एक अजीब–सी खामोशी छा जाती। अन्य सभी लोग चुप हो जाते। जज सिर झुकाए कुर्सी पर चुपचाप बैठा रहता, वकील एकदम से खामोश हो जाते, अदालत के चपरासी या अन्य दूसरे कर्मचारी अपने–अपने स्थानों पर सिर झुकाकर बैठ जाते या खड़े रहते। क्रान्तिकारियों के जो रिश्तेदार अदालत में आये रहते, उनके चेहरे एक अनोखे अन्दाज में गम्भीर हो जाते। भगत सिंह और उनके साथी इस अदालत की कोठरी में हावी–जैसे हो जाते; सारी कोठरी देशभक्ति के रंग में रंग जाती।

1 मई, 1930 से आर्डीनेन्स 3 सन् 1930 लागू किया गया। इसके अधीन विशेष प्रकार से न्यायाधिकरण का गठन किया गया। अतः यह लाहौर केस भी इसी आर्डीनेन्स के अधीन चला। इसमें न्यायमूर्ति जे. कोल्डस्ट्रीम अध्यक्ष थे तथा आगा हैदर एवं जी. सी. हिल्टन इसके अन्य दो सदस्य थे। वस्तुतः इस

प्रकार ट्रिब्यूनल को मामले प्रथम महायुद्ध के दौरान सौंपे गये थे। यहां इन तीनों जजों की नियुक्ति लाहौर उच्च न्यायालय के मुख्य न्यायाधीश द्वारा की गयी थी। इस ट्रिब्यूनल को विशेष उद्देश्य से बनाया गया था। सरकार को भय था कि ये क्रान्तिकारी जान -बूझकर अदालत को गुमराह करने की कोशिश करते थे, अतः इस ट्रिब्यूनल को विशेष प्रकार के अधिकार दिये गए थे, ताकि यह इस प्रकार के मामलों को निबटाने का काम कर सके। इसक अन्तर्गत 5 मई, 1930 को पुंछ हाऊस, लाहौर में मामले की सुनवाई शुरू हुई थी। भगत सिंह के मत में इस प्रकार के न्यायाधिकरण का मामला गैर-कानूनी था, उन्होंने इसे गैर-कानूनी सिद्ध करने के लिए पन्द्रह दिन का समय माँगा, परन्तु उनकी इस मांग को स्वीकार नहीं किया गया। सरकारी वकील कार्डन नोड ने बहस शुरू की और इन पर निम्नलिखित अभियोग लगाये-

1. षड्यन्त्र और हत्या।
2. डकैती तथा बमों का निर्माण।
3. बमों के प्रयोग तथा अन्य तरीकों से ब्रिटेन के सम्राट के विरुद्ध युद्ध।

भगत सिह ने वकील रखने से इन्कार कर दिया, किन्तु कार्यवाही की निगरानी तथा अदालत में बहस के दौरान सलाह लेने के लिए लाला दुनीचन्द को अपना कानूनी सलाहकार बनाना स्वीकार कर लिया। 12 मई, 1930 को भगतसिंह को उनके अन्य क्रान्तिकारी मित्रों के साथ हथकड़ियाँ लगाकर अदालत में लाया गया। उन्होंने इसका जमकर विरोध किया तथा पुलिस की जीप से तब तक उतरने से इन्कार कर दिया जब तक उनकी हथकड़ियां न उतार ली जाएं। न्यायाधिकरण के अध्यक्ष जे. कोल्डस्ट्रीम ने पुलिस को आदेश दिया कि उन्हें जबर्दस्ती जीप से उतारा जाए। ऐसा किये जाने पर इन सबने अदालत की कार्यवाही का बहिष्कार कर दिया और उसकी कार्यवाही में कोई भाग नहीं लिया। दोपहर में लंच के समय उनकी हथकड़ियां उतार दी गई, परन्तु अदालत की कार्यवाही जब लंच के बाद दुबारा शुरू हुई तो पुलिस ने उन्हें पुनः हथकड़ी पहनानी चाही, और क्रान्तिकारियों ने इसका विरोध किया। इस पर हाथापाई होने की नौबत आ गई। पुलिस को भगत सिंह की डण्डों और जूतों से पिटाई करने का आदेश दे दिया गया। इस पिटाई के समय पत्रकार तथा अन्य दर्शक भी वहां उपस्थित थे। न्यायाधिकरण के भारतीय सदस्य आगा हैदर को इस घटना से बहुत अधिक दुःख हुआ इसलिए उन्होंने अदालत की उस दिन की कार्यवाही पर अपने हस्ताक्षर करने से इन्कार कर दिया। जनता भी इस कार्यवाही से अत्यन्त

खिन्न हुई, अतः जनता के दवाब पर कोल्डस्ट्रीम को लम्बी छुट्टी पर भेज दिया गया।

21 जून, 1930 को दूसरा विशेष न्यायाधिकरण बना। इसमे पहले के दो सदस्यों कोल्डस्ट्रीम तथा आगा हैदर को बदल दिया गया। उनके स्थान पर जस्टिस जे. के. कैप तथा जस्टिस अब्दुल कादिर, इन दो नये सदस्यो को नियुक्त किया गया। पहले के सदस्य जी. सी. हिल्टन अपने पद पर बने रहे।

भगत सिंह की पिटाई को अदालत ने अनुशासन की कार्यवाही बताया। अदालत के इस बर्बर जंगली व्यवहार की सर्वत्र निन्दा की गयी। यह समाचार समूचे विश्व में फैल गया। पोलैण्ड, कनाडा, जापान, तथा दक्षिणी अमेरिका से इन क्रान्तिकारियों की सहायता के लिए आर्थिक सहायता भी दी गयी। इस कार्यवाही के विरोध में पूरे देश में भगत सिंह दिवस मनाया गया। पण्डित मोतीलाल नेहरू, पण्डित जवाहरलाल नेहरू, रफी अहमद किदवई, सुभाषचन्द्र बोस, बाबा गुरुदत्त सिंह, कालाकांकर के राजा, मोहन लाला सक्सेना तथा नारीमन जैसे स्वतन्त्रता सेनानी क्रान्तिकारियों से मुलाकात करने जेल में पहुँचे।

इन क्रान्तिकारियों में एक यतीन्द्रनाथ सान्याल भी था। वह अपनी तथा महावीर सिंह, बटुकेश्वर दत्त, डा. गया प्रसाद निगम तथा कुन्दनलाल की ओर से अदालत को कुछ बताने के लिए उठा। उसने अपना भाषण लिख रखा थे, जिसे उसने पढ़ना शुरू किया। इसमें अंग्रेज सरकार की राजनीति की कड़ी आलोचना की गयी थी। उसे उसका यह भाषण पूरी तरह से नहीं सुनाने दिया गया, साथ ही उसके हाथ से उसका भाषण लिखा पर्चा भी छीन लिया गया। उपने भाषण की अन्तिम पंक्तियों की ओर उसने अदालत का ध्यान विशेष रूप से आकृष्ट करना चाहा था। ये पंक्तियां निम्नलिखित रूप मे थीं–

"........इन कारणों से हम इस फरेबी दिखावे को इकतरफा होने से, मानने से इन्कार करते हैं और इसके बाद हम इस अदालत की किसी भी कार्यवाही में भाग नहीं लेंगे।"

इस मुकदमें में अदालत की कार्यवाही तथा क्रान्तिकारियों के साथ जेल में अन्य व्यवहार भी शुरू से ही असन्तोषजनक थे। 11 फरवरी को ही भगतसिंह ने अपने तथा बटुकेश्वर दत्त की ओर से मजिस्ट्रेट को लिखा था–

दूसरे साथी अभियुक्त हिन्दुस्तान के अलग–अलग और दूर–दूर के राज्यों में रहने वाले हैं। अतः उन्हें अपने परिचितों से मिलने की सुविधाएं मिलनी चाहिएँ। श्री बटुकेश्वर दत्त और कमलनाथ तिवारी ने कुमारी लज्जावती से मुलाकात की

इच्छा प्रकट की थी, किन्तु उनको इस आधार पर मुलाकात की सुविधा नहीं दी गयी कि वह न तो इन दोनों की रिश्तेदार है और न वकील ही। बाद में इन दोनों का मुख्तारनामा प्राप्त कर लेने पर भी उन्हें मुलाकात की सुविधा नहीं दी। इससे साफ जाहिर होता है कि अभियुक्तों को अपनी सफाई देने के लिए पूरी सुविधा नहीं दी जा रही है। साथ ही कान्तिकुमार को, जो हमारे बचाव के लिए बहुत उपयोगी काम कर रहे हैं, एक झूठे मुकदमें में (चटनी में रखकर पिस्तौल की गोली लाने का) जेल में डाल दिया गया है, यही नहीं, जब उनके विरुद्ध झूठा मुकदमा न हो सका, तो गुरुदासपुर में उनके विरुद्ध 124–ए में एक नया मुकदमा खड़ा कर दिया गया।

मैं खुद पूरे समय के लिए वकील नहीं रख सकता था, अतः मैं चाहता था कि मेरे आदमी अदालत में रहें, पर बिना कोई कारण बताए इसकी स्वीकृति न देकर लाला अमरदास को वकील की जगह दे दी गयी है। इन्साफ के नाम पर खेले जानेवाले इस नाटक को हम हरगिज पसन्द नहीं करते, क्योंकि इससे हमें अपनी सफाई देने की कोई सुविधा या लाभ नहीं पहुँचता।

एक और बड़ी शिकयत अखबार न पहुंचने की है। हवालात में रखे गये कैदियों के साथ सजायाफ्ता कैदियों जैसा व्यवहार नहीं किया जा सकता। इनको प्रतिदिन कम–से–कम एक समाचार–पत्र अवश्य मिलना चाहिए। अंग्रेजी न जाननेवालों के लिए हम एक हिन्दी दैनिक चाहते हैं। इसलिए विरोध करने के तौर पर हम ट्रिब्यून भी वापस कर रहे हैं। इन्हीं कारणों से हमने 29 जनवरी, 1930 को अदालत न जाने की घोषणा कर दी है। इन असुविधाओं के दूर होते ही हमें अदालत में आने में कोई आपत्ति नहीं होगी।"

स्पष्ट है कि भगत सिंह इस मुकदमें की समस्त कार्यवाही को अंग्रेजों का एक दिखावा मात्र मानते थे। कानून एंव संविधान के सभी विशेषज्ञों ने भगत सिंह के इस मुकदमें को एक नाटक माना है, जिसे न्याय का जामा पहना दिया गया था। इसलिए भगत सिंह ने अपने दिमाग को एक प्रकार से इस मामले से हटा लिया था तथा अपने को पुस्तकें पढ़ने में डुबा लिया था। पुस्तकें पढ़ना उनका पहले से ही एक प्रिय शौक रहा था। वह इतनी अधिक और तेज गति से पुस्तकें पढ़ते थे कि इतनी पुस्तक जुटाना और उन पर सेन्सर करना जेल अधिकारियों के लिए भी एक परेशानी का कारण बन गया था। इसीलिए जेल में उनके साथी उन्हें 'किताबी कीड़ा' कहते थे। उन्होंने जयदेव गुप्त के लिए जेल से 24 जुलाई, 1930 को एक पत्र लिखा था, जिसमें उन्होंने श्री गुप्त से (भगतसिंह उन

छोटे भाई कुलवीर सिंह के हाथों निम्नलिखित पुस्तकें भिजवाने का अनुरोध किया था–

1. मिलिटेरिज्म।
2. व्हाई मेन फाइट।
3. सोवियत एट वर्क
4. कुलैप्स ऑफ सेकिण्ड इण्टरनेशनल।
5. लेफ्ट विंग कम्यूनिज्म।
6. म्यूचुअल एण्ड।
7. फील्ड फैक्ट्रीज एण्ड वर्कशाप
8. सिविल वार इन फ्रांस।
9. लैण्ड रिवोल्यूशन इन रशिया।
10. थ्योरी ऑफ हिस्टोरिकल मिलिटैरिज्म।
11. पीजेण्ट इन प्रोस्पैरिटी एण्ड डैब्ट।

इन पुस्तकों के अध्ययन से परिचय मिलता है कि भगतसिंह कार्लमार्क्स तथा रूसी क्रान्ति से बहुत अधिक प्रभावित थे। अध्ययन से उनके प्रेम का इससे बड़ा प्रमाण क्या हो सकता है कि फाँसी पर चढ़ने से कुछ ही मिनट पहले तक वह किताबें पढ़ने में डूबे हुए थे। उनसे पूछा था कि "क्या तुम सचमुच इन किताबों को पढ़ते हो? मेरे लिए तो इन्हें ढूंढ़ना भी मुश्किल काम हो जाता है।" इस पर भगत सिंह ने कहा था, 'मैं इन्हें पढ़ता हूं। आप कोई भी किताब ले लें और उसमें कहीं से भी कोई प्रश्न पूछ लें। मैं आपको बताऊँगा कि कहाँ क्या लिखा है।"

भगत सिंह को मुक्त कराने के लिए आजाद का प्रयत्न :

तब जिन दिनों भगत सिंह पर मुकदमा चल रहा था, 'हिन्दुस्तान समाजवादी गणतन्त्र संघ की बैठक हुई, जिसमें क्रान्तिकारियों ने अपने कार्यों को और अधिक तेज करने तथा भगतसिंह को जेल से छुड़ाने का निश्चय किया। दिसम्बर, 1930 में दिल्ली रेलवे स्टेशन पर वाइसराय को ले जानेवाली विशेष रेलगाड़ी को उड़ा देने की कोशिश की गयी। रेल के आरम्भ के दो डिब्बे बोगी (नम्बर 8 और 9) को नुकसान पहुंचा, परन्तु वाइसराय घायल होने से बच गया। इसके बाद फैसला किया गया कि जब भगत सिंह तथा बटुकेश्वर दत्त पुलिस की गाड़ी में बैठने के लिए जेल से बाहर निकलें तो उन्हें छुड़ाने के लिए धावा बोल दिया जाए। यह योजना जून 1930 में बनी थी। इस योजना का पहले अभ्यास करने

के लिए क्रान्तिकारी 28 मई को रावी के तट पर पहुंचे। वहां बम का परीक्षण किया, किन्तु यह परीक्षण दुर्भाग्यपूर्ण सिद्ध हआ; क्योंकि बम यकायक भगवतीचरण बोहरा के एकदम पास ही फट गया, जिससे उनकी उसी समय मृत्यु हो गयी। अपने इस साथी की मृत्यु से भी चन्द्रशेखर आजाद ने हिम्मत नहीं हारी, वह भगत सिंह को मुक्त कराने का निश्चय कर चुके थे। योजना के अनुसार वह जून, 1930 को लाहौर पहुंचे और इसी महीने की 23 तारीख को सेण्ट्रल जेल के पास पहुंचे और वहां पहुंचकर मौके का इन्तजार करने लगे। पहले पुलिस की जीप जेल के फाटक से कुछ दूर सड़क पर खड़ी होती थी; वहीं पर आकर अभियुक्तों को उसमें बैठना होता था, परन्तु उस दिन पुलिस की गाड़ी को फाटक के एकदम पास खड़ा किया गया। इसलिए यह सारी योजना धरी की धरी रह गयी।

यहां यह उल्लेख करना अनुचित न होगा कि सरकार की आंखों में धूल झोंकते हुए चन्द्रशेखर आजाद पण्डित मोतीलाल नेहरू से मिलते रहते थे। इससे पूर्व साण्डर्स की हत्या करने के बाद जब भगत सिंह लाहौर से भाग गये थे, तो वह भी पण्डित मोतीलाल नेहरू से मिलते रहते थे। शायद उन्होंने कई बार भगत सिंह की आर्थिक सहायता भी की थी।

इस मुकदमे को भगत सिंह देश की आजादी के लिए अपने विचारों को फैलाने का साधन मानते थे, इससे अधिक कुछ नहीं और न उन्हें अंग्रेजों से न्याय मिलने की कोई आशा ही थी। इसीलिए इसमें उन्होंने कोई सफाई पेश नहीं की। अदालत की कार्यवाही लगभग तीन महीने तक चलती रही, 26 अगस्त, 1930 को अदालत का कार्य लगभग पूरा हो गया था। केवल कागजी कार्यवाही ही आगे को चली। इसके दूसरे दिन अभियुक्तों के पास सूचना भेजी गयी कि वे अपने बचाव के लिए जो कुछ भी कहना चाहें, कह सकते हैं, चाहें तो वकील भी रख सकते हैं या अपने गवाह भी पेश कर सकते हैं, परन्तु सभी अभियुक्तों ने इसे ठुकरा दिया, क्योंकि वे समझ गये थे कि यह सब करना या न करना बराबर ही है; शायद अब ट्रिब्यूनल अपना फैसला देने की तैयारी ही कर रहा था। भगतसिंह ने अपने भाई कुलवीर को 16 सितम्बर को एक पत्र लिखा–

ब्रादर अजीज कुलवीरजी सत श्री अकाल,

आपको मालूम ही होगा बमूजिब अहकाम अफसराना वाली मेरी मुलाकतें कम कर दी गयी हैं। अन्दरूनी हालात फिलहाल मुलाकात न हो सकेगी और मेरा

खयाल है कि अब करीब ही फैसला कर दिया जाएगा। इसके चन्द रोज बाद किसी दूसरी जेल को चालान हो जाएगा। इसलिए किसी दिन जेल में आकर मेरी कुतुब व पारचात व दीगर अशिया ले जाना। मैं बर्तन, कपड़े, कुतुब, दीगर कागजात जेल के डिप्टी सुपरिण्टेण्डेण्ट के दफ्तर में भेज दूंगा, आकर ले जाना। न मालूम मुझे बार–बार यह ख्याल क्यों आ रहा है कि इसी हफ्ते के अन्दर या ज्यादा से ज्यादा इसी माह के अन्दर फैसला और चालान हो जाएगा। इन हालात में अब तो किसी दूसरी जेल में मुलाकात हो तो हो, यहां तो उम्मीद नहीं है।

वकील को भेज सको, तो भेजना। मैं प्रिवी कौंसिल के सिलसिले में एक जरूरी बात दरयाफ्त करना चाहता हूँ। वालिदा साहिबा को तसल्ली देना, घबराएँ नहीं।

आपका भाई
भगत सिंह

भगत सिंह तथा उनके साथी जेल मे फाँसी दिये जानेवाले कैदियों की कोठरियों में रखे गये थे। उन्हें साधारण कैदियों को मिलनेवाली सुविधाएँ देने से भी मना कर दिया गया। पण्डित मोतीलाल नेहरू को भगत सिंह से अपार स्नेह था। इस समय वह स्वयं सख्त बीमार थे, फिर भी उन्होंने अपना एक आदमी जेल मे मिलने के लिए भगतसिंह के पास भेजा था। उसके द्वारा उन्होंने भगत सिंह को कहलवाया था कि वे रास्ते में रोड़ा न अटकाएं। वह कुछ समय चाह रहे थे। वह समझ रहे थे कि जो बातें समझौते के लिए चल रही हैं, शायद उनसे भगत सिंह की जिन्दगी बच जाए, परन्तु भगत सिंह इस मामले को दूसरे ढंग से देखते थे। वे समझते थे कि उन्हें फांसी की सजा मिलना ही देश के हित में होगा। इससे देश के लोगों को एक सबक मिलेगा, जिससे लोग आजादी के लिए और भी अधिक प्रयत्न करेंगे। सरकार एक ओर तो कांग्रसियों के साथ दोस्ती का हाथ बढ़ा रही थी और दूसरी ओर क्रान्तिकारियों को कुचल देने पर कमर कसकर तैयार थी। अतः फॉसी मिलना लगभग तय ही था। भगत सिंह को कई लोगों ने अनेक प्रकार से समझाया कि अपील अवश्य की जाए। हो सकता था इससे सजा कुछ कम हो जाए या फॉसी ही कुछ दिनों के लिए टल जाए, इससे उन्हें अपने विचारो को प्रचार करने का कुछ समय मिल जाता। बड़ी जद्दोजहद पर, कई मिन्नतें करने पर बड़ी मुश्किल से वह अपील पर हस्ताक्षर करने को राजी हुए। अपील में मुकदमा खारिज करने की प्रार्थना की गयी। इसके लिए तर्क दिया गया कि यह मुकदमा आर्डीनेन्स के अधीन चलाया गया था, अतः इसे अधिकार

से बाहर माना जाए, सारा देश उनकी जान बचाने के लिए पुकार रहा था। भगत सिंह तथा उनके साथियों ने अदालत का बहिष्कार कर रखा था, अतः उनकी अनुपस्थिति में ही अदालत की सब कार्यवाही चली थी।

20 सितम्बर, 1930 को ही स्पष्ट हो गया था कि भगत सिंह को फाँसी की सजा ही मिलेगी। तब उन्होंने छोटे भाई कुलवीर सिंह को एक पत्र 25 सितम्बर, 1930 को लिखा था–

ब्रादर अजीज कुलवीरसिंह जी! सत श्री अकाल।

मुझे यह मालूम करके कि आप वाल्दा को साथ लेकर आये और मुलाकात की इजाजत न मिलने पर मायूस लौट गए, बड़ा अफसोस हुआ। आखिर तुम्हें तो मालूम हो चुका था कि जेल वाले मुलाकात की इजाजत नहीं देते, फिर वाल्दा को क्यों साथ लाये? मैं जानता हू वो इस वक्त सख्त घबराई हुई हैं। मगर घबराहट और परेशानी का क्या फायदा? नुकसान जरूरी है, क्योंकि जबसे मालूम हुआ कि वे बहुत रो रही हैं, मुझे खुद भी बेचैनी हो रही है। घबराने की कोई बात नहीं और इससे कुछ हासिल भी नहीं। सब हौसले से हालात का मुकाबला करें। आखिर दुनिया में दूसरे लोग भी तो हजारों मुसीबतों में फंसे हुए हैं और फिर अगर लगातार एक साल मुलाकातों पर तबियत सैर नहीं हुई, तो दो–चार मजीद और मुलाकातों से तसल्ली न हो सकेगी। मेरा ख्याल है कि फैसला और चालान के बाद मुलाकातें खुल जाएँगी, लेकिन अगर फर्ज किया फिर भी मुलाकात की इजाजत न मिले, तो घबराने से क्या फायदा?

आपका

भगत सिंह

फाँसी की सजा मिलना निश्चित हो जाने पर उनके पिता सरदार किशन सिंह ने उन्हें बचाने के लिए मामले की सुनवाई कर रहे न्यायाधिकरण को एक प्रार्थनापत्र दिया था। इस पत्र द्वारा वह सिद्ध करना चाहते थे कि घटना के दिन भगत सिंह लाहौर में न होकर कलकत्ते में थे। इसकी कुछ पंक्तियां इस प्रकार हैं।

"घटना के दिन भगत सिंह कलकत्ते में था, उसने उसी दिन खादी भंडार के मैनेजर को एक पत्र भी लिखा था, जो बाकायदा डाक विभाग द्वारा उन्हें पहुंचा। वह एक इज्जतदार और शरीफ व्यक्ति है और शपथ उठाने को भी तैयार हैं कि भगत सिंह घटना के दिन कलकत्ता में था। यदि मुझे न्याय के अनुसार मौका दिया जाए, तो मैं उन्हें पेश कर सकता हूँ या उन्हें न्याय, समानता और विवेक की दृष्टि से अदालती गवाह की हैसियत से बुलाया जाए। इस मुकदमें में जीवन और

मौत का प्रश्न है। अपराधी को अपने बचाव का पूरा अधिकार प्रयोग करने का पूरा अवसर दिया जाना चाहिए। यदि बचाव का अवसर दिया गया, तो मैं गवाही कानून की धारा 155 के अनुसार यह बताऊंगा कि सरकारी गवाह कौन है? समाज में उनका क्या स्थान है तथा गवाही देने में उनके क्या उद्देश्य थे? वे कब और कैसे गवाह बनाये गए? मैं नम्रतापूर्वक निवेदन करता हूं कि भगत सिंह को अपना बचाव पेश करने का अवसर दिया जाए।"

जब जेल मे भगतसिंह को अपने पिताजी के इस कार्य की सूचना मिली, तो वह इस कार्य से अत्यन्त नाराज हुए। उन्होंने अपने पिताजी के इस कार्य का विरोध किया। उन्होंने अपने पिताजी को तुरन्त एक पत्र भेजा और इस पत्र की एक कापी छपने के लिए 'ट्रिब्यून' में भेज दी, ताकि सभी लोग यह जान जाएं कि उनके बचाव के लिए उनके पिताजी ने जो प्रार्थना-पत्र दिया है उससे उनका कोई सरोकार नहीं है। यह पत्र 'ट्रिब्यून' में 4 अक्टूबर, 1930 को प्रकाशित हुआ, जिसके कुछ महत्त्वपूर्ण अंश निम्नलिखित हैं-

"...मुझे यह जानकर आश्चर्य हुआ कि आपने मेरे बचाव के लिए विशेष न्यायाधिकरण को प्रार्थनापत्र भेजा है। यह समाचार इतना दुःखदाई था कि मैं इसे शान्त रहकर सहन नहीं कर सकता। इसने मेरे मस्तिष्क का सन्तुलन बिगाड़ दिया है। मैं यह सोचने में असमर्थ हूं कि आपने इस स्तर पर तथा ऐसी परिस्थितियों में ऐसा कैसे सोच लिया। आपका पुत्र होने के नाते मैं आपकी (पिता की) भावनाओं एवं इच्छाओं का पूरा सम्मान करता हूं, पर इसके साथ ही मैं समझता हूँ कि आपको मेरे साथ परामर्श किये बिना मेरे विषय में प्रार्थनापत्र देने का कोई अधिकार नहीं था। आप जानते हैं कि राजनीतिक क्षेत्र में आपके और मेरे विचारों की बीच हमेशा ही टक्कर रही है। मैं हमेशा ही स्वतंत्रता के साथ आपकी स्वीकृति अस्वीकृति की चिन्ता किये बिना कार्य करता रहा हूँ।

मुझे विश्वास है कि आपको यह बात याद होगी कि आप आरम्भ से ही मुझे यह बात मना लेने की कोशिश करते रहे हैं कि मैं अपना मुकदमा समझदारी से लड़ूँ तथा अपना बचाव पक्ष सही ढंग से प्रस्तुत करूँ। यह बात भी आपकी जानकारी में हैं कि मैं हमेशा ही इसका विरोध करता रहा हूँ। मैंने कभी भी अपने-आपको बचाने की आशा नहीं की और न ही कभी मैंने इस विषय में गम्भीरता से सोचा। भले ही यह एक निश्चित धारणा थी कि मेरे पास अपनी स्थिति को स्पष्ट करने के लिए ठोस प्रश्न थे-यह अलग प्रश्न है तथा यहां तक प्रसंग को नहीं उठाया जा सकता।

आप जानते हैं कि हम इस मुकदमे में एक विशेष नीति पर चल रहे हैं। मेरा प्रत्येक कदम उन नीति, मेरे नियमों तथा कार्यक्रमों के अनुकूल होना चाहिए था। इस समय स्थिति नितान्त भिन्न है। यदि यह इसके विपरीत भी होते, तब भी मैं अन्तिम व्यक्ति होता, जो कि सफाई पेश करता। इस मुकदमें के दौरान मेरे सामने मात्र एक विचार था और वह था—मेरे विरुद्ध अपराधों की गम्भीर प्रकृति के मुकदमें के प्रति उपेक्षा भाव दिखाना। मेरा हमेशा ही यही दृष्टिकोण रहा है कि राजनीतिक कार्यकर्ताओं को निर्लिप्त रहना चाहिए तथा कभी भी कानूनी अदालतों में कानूनी लड़ाई सम्बन्धी कोई चिन्ता नहीं करनी चाहिए। वे स्वयं अपना बचाव पेश कर सकते हैं, पर सदैव शुद्ध राजनीतिक धरातल पर; न कि व्यक्तिगत दृष्टिकोण से। इस मुकदमे में हमारी नीति हमेशा इस सिद्धान्त के अनुकूल रही है। भले ही हम इसमें सफल रहें या न रहें, यह निर्णय मैं नहीं दे सकता। हम अपना धर्म पूरी तरह निःस्वार्थ भावना से निभाते चले आ रहे हैं।

"लाहौर षड्यन्त्र केस अधिनियम" के सहायक वक्तव्य में वाइसराय ने यह कहा था कि अपराधी इस मुकदमे में कानून तथा न्याय—दोनों का अपमान कर रहे हैं इस स्थिति ने हमें यह अवसर प्रदान किया है कि जनता को दिखा सकें कि हम कानून का अपमान कर रहे हैं। इस पहलु पर लोग हमारे साथ असहमत हो सकते हैं। आप उनमें से एक हो सकते हैं, पर इसका कभी यह अर्थ नहीं हुआ कि आप मेरी इच्छा या मेरी जानकारी के बिना मेरी ओर से इस प्रकार का कदम उठाएँ। मेरा जीवन इतना मूल्यवान नहीं, जितना आप समझते है। कम से कम मेरे लिए जीवन का इतना महत्त्व नहीं है कि इसे सिद्धान्तों की अमूल्य निधि का बलिदान करके बचाया जाए। मेरे और भी साथी हैं,... जिनका मुकदमा मेरे मुकदमें के समान ही गम्भीर है। हम एक संयुक्त नीति अपनाये खड़े रहेंगे। भले ही हमें निजी तौर पर इसका कितना ही मूल्य क्यों न चुकाना पड़े।

पिजाजी! मै बड़ी उलझन मे हूँ। मुझे डर है कि आप पर दोष लगाते हुए या इससे भी अधिक आपके इस कार्य की निन्दा करते हुए कहीं मैं सभ्यता की परिधि को न लांघ जाऊँ और मेरे शब्द अधिक कठोर न हो जाएँ। फिर भी मैं स्पस्ट शब्दों में इतनी बात अवश्य कहूँगा कि यदि कोई दूसरा व्यक्ति मेरे प्रति इस प्रकार का व्यवहार करता, तो मैं इसे देशद्रोही से कम न समझता, किन्तु आपकी परिस्थिति में मैं यह बात नहीं कह सकता। मुझे और स्पष्टवादी होने दो। मैं अनुभव करता हूं कि मेरी पीठ में छुरा घोंपा गया है। आपके प्रसंग में इसे मैं एक कमजोरी कहूंगा—निम्न कोटि की दुर्बलता।

यह एक ऐसा समय था, जब हम सबकी परीक्षा हो रही थी। पिताजी मैं यह कहना चाहता हूँ कि आप उस परीक्षा में असफल रहे हैं। मैं जानता हूं कि आप उतने ही सच्चे देशभक्त रहे हैं, जितना कोई भी हो सकता है। मैं जानता हूं कि आपने अपना समस्त जीवन भारत की स्वतंत्रता के लिए न्योछावर कर दिया है, परन्तु इस महत्त्वपूर्ण घड़ी में आपने ऐसी दुर्बलता क्यों दिखायी, मैं यह बात समझ नहीं पाया।

अन्ततः मैं आपको, अपने मित्रों तथा उन सबको जो मेरे मुकदमें में रुचि रखते थे, सूचित करना चाहता हूं कि मैं आप द्वारा उठाये गए पग स्वीकार नहीं कर सकता। मैं अब भी अपनी सफाई पेश करने के पक्ष में नहीं हूं, भले ही अदालत मेरे साथी अभियुक्तों द्वारा दिये गए किसी भी प्रार्थनापत्र को स्वीकार कर लेती है, तब भी मैं अपना बचाव पेश नहीं करूंगा। भूख हड़ताल में भेंट सम्बन्धी ट्रिब्यूनल को भेजे गए मेरे प्रार्थना पत्रों को गलत समझा गया है...।

मैं चाहता हूं कि लोग इस विषय में पूरे विस्तार से परिचित हों, इसलिए मैं आपको इस पत्र के प्रकाशन के लिए निवेदन करता हूँ।"

ये क्रान्तिकारी यह मालूम होने पर भी इस मुकदमें का क्या फैसला होगा, बिलकुल निश्चिन्त और अल्हड़पने का जीवन जीते थे। एक बार सितम्बर, 1930 में रात्रि में कैदियों को एक विशेष डिनर दिया गया। यह इस प्रकार का इनके जीवन का अन्तिम डिनर था। इसमें अभियुक्तों के साथ जेल के कुछ अधिकारी भी शामिल हुए थे। इन वीरों के चेहरों पर चिन्ता की एक रेखा भी नहीं दिखाई देती थी। ये कहकहे लगाकर हंस रहे थे; एक दूसरे से छेड़खानी, शरारतें कर रहे थे, चुटकुले सुना रहे थे तथा जेल के अधिकारियों के साथ इनका व्यवहार एकदम सभ्य, शान्त एवं परिवार के सदस्यों के जैसा था। इनके इस व्यवहार से जेल अधिकारी बड़े प्रभावित हुए थे।

इस मुकदमें में भगत सिंह पर जो आरोप लगे थे, उसमें तीन तरह के गवाह थे।

1. मौके के गवाह, जिन्होंने उन्हें साण्डर्स की हत्या करते तथा हत्या करके भागते समय देखा था और पहचाना था।

2. इकबाली गवाह—जयगोपाल तथा हंसराज बोहरा, जो स्वयं हत्या करने में उनके मददगार रह चुके थे।

3. भगतसिंह द्वारा लिखे गए पर्चे, जो 'राइटिंग स्पेशलिस्ट' द्वारा पहचाने गए।

जयगोपाल स्वयं साण्डर्स वध में शामिल था, किन्तु अब वह सरकारी गवाह बन गया था। एक दिन जब वह गवाहों के कटघरे में खड़ा था और अपने साथियों के ही विरुद्ध गवाही दे रहा था; यही नहीं वह अपने इन साथियों की ओर देखकर अपनी मूँछों में ताव भी दे रहा था। उसकी इस हरकत से क्रान्तिकारियों का खून खौल गया। प्रेमदत्त सबसे कम उम्र का क्रान्तिकारी था, उससे न रहा गया, उसने अपना जूता उतरा और जोर से जयगोपाल पर दे मारा। अदालत मे खलबली मच गयी। मजिस्ट्रेट ने क्रान्तिकारियों को हथकड़ी पहनाने की आज्ञा दी, क्रान्तिकारी कहाँ मानने वाले थे; अदालत में भूचाल–सा आ गया, फलतः अदालत रोक देनी पड़ी।

फैसला :

अन्ततः ब्रिटिश अदालत के नाटक का अन्त हुआ। इस प्रकार अदालत ने भगत सिंह को भारतीय दण्ड संहिता की धारा 129, 302 तथा विस्फोटक पदार्थ नियम की धारा 4 तथा 6 एफ तथा भारतीय दण्ड संहिता की धारा 120 के अन्तर्गत अपराधी सिद्ध किया तथा 7 अक्टूबर, 1930 को उनके लिए यह दण्ड सुनाया गया–

"षड्यन्त्र के प्रमुख सदस्यों की हैसियत से तथा जान–बूझकर एवं बुजदिली से किये गए कत्ल को ध्यान में रखते हुए, जिसमें उसने भाग लिया था, उसे फाँसी की सजा दी जाती है।"

याद रहे कि इस केस के सभी वीरों ने अदालतों का बहिष्कार कर रखा था। अतः अदालत में यह फैसला उनकी अनुपस्थिति में सुनाया गया। और इस अदालत का एक सन्देशवाहक जेल में पहुंचा। उसी ने उन्हे यह फैसला सुनाया। फैसले के एक दिन पहले ही जेल के चारों ओर हथियारबन्द पुलिस तैयार कर दी गयी थी। हर बात की बड़ी सावधानी रखी जा रही थी। इस मुकदमें में भगत सिंह सहित पन्द्रह अभियुक्तों पर मुकदमा चल रहा था, जिन्हें निम्नलिखित सजाएँ मिली थी–

भगत सिंह, सुखदेव तथा राजगुरु को फाँसी की सजा दी गयी। शिव वर्मा, किशोरी लाल, गया प्रसाद, जयदेव कपूर, विजयकुमार सिन्हा, महावीर सिंह तथा कमलनाथ तिवारी–इन सातों को आजन्म कालेपानी की सजा मिली। कुन्दनलाल वर्मा को सात वर्ष तथा प्रेमदत्त को पांच वर्ष के करावास की सजा हुई। अजय घोष, जितेन्द्रलाल सिन्हां तथा देशराज पर कोई आरोप सिद्ध नहीं

हुआ, अतः इन्हें बरी कर दिया गया।

इस बात की पूरी सावधानी रखी गयी कि इस फैसले का पता जनता को न चले, लेकिन ऐसा कैसे हो सकता था। यह खबर हवा की तरह जल्द ही सारे देश में फैल गई। अदालत द्वारा अपने इस 68 पृष्ठीय फैसले को दिये जाने के बाद सरकार ने किसी भी प्रकार की सभाओं अथवा जुलूसों पर रोक लगाने के लिए लाहौर में धारा 144 लगा दी। इसके बावजूद भी न तो इस बात की कोई घोषणा की गयी और न पोस्टर लगाए गए; म्युनिसिपैलिटी के मैदान में भारी लोग जमा हो गए। इस सभा में वाइसराय के अध्यादेश की, इसके अधीन चले इस एकतरफा मुकदमे की तथा क्रान्तिकारियों को दी गई इन कठोर सजाओं की कटु आलोचना की गई। यद्यपि जेल पर सशस्त्र पुलिस का सख्त पहरा था, फिर भी न जाने किस प्रकार भगत सिंह और उनके साथियों के नये फोटो पत्रकारों के हाथ लग गए। इन्हें समाचारपत्रों ने इस फैसले के साथ प्रमुखता के साथ छापा। सरकार परेशान हो उठी, उसकी सारी गुप्तचर व्यवस्था परेशान हो उठी। सारे देश में सभाओं और जुलूसों का एक तूफान–सा उठ खड़ा हो गया। दूसरे ही दिन 8 अक्बूर को देश की जनता इस फैसले से सरकार के विरुद्ध गुस्से से पागल हो उठी। स्टुडेण्ट यूनियन ने पूरे लाहौर में हड़ताल रखी। लगभग सभी स्कूल या कालेज अपने–आप बन्द रहे। जो बन्द न रहे, उन्हें बन्द करने के लिए लोगों ने धरने दिये; उन्हें बन्द कराया। सरकार ने धड़ाधड़ गिरफ्तारियां शुरू कीं। अनेक छात्र गिरफ्तार हुए। डी. ए. वी. कालेज लाहौर के कुछ छात्र तथा एक अध्यापक गुस्से से पागल–जैसे हो उठे। उन्होंने पुलिस पर धावा बोल दिया। सारे देश में प्रदर्शनों पर लाठीचार्ज हुए।

एक ओर सारा देश इस फैसले से सरकार से इस तरह आक्रोश में था, वहीं दूसरे ओर भगत सिंह के लिए जैसे कुछ हुआ ही न हों; वे एकदम शान्त और निर्विकार बने हुए थे। पहले ही कहा जा चुका है कि इस मुकदमें में इन क्रान्किारियों ने अदालत का बहिष्कार कर रखा था। अतः सरकारी वकील स्वयं जेल की उन कोठरियों में गया, जहां भगत सिंह तथा उनके साथियों को रखा गया था, उसने वहीं इन्हें अदालत का फैसला सुनाया–

"भगत सिंह! अत्यन्त खेद के साथ कहना पड़ रहा है कि अदालत ने आपको मौत की सजा दी है।"

भगत सिंह ने इस पर कोई दुःख व्यक्त नहीं किया, क्योंकि वह पहले ही

जानते थे कि यही होगा; अंग्रेजों के राज्य में और उम्मीद की ही क्या जा सकती थी। इस फैसले को सुनाते हुए शायद सरकारी वकील की आत्मा भी रो उठी थी। भावुक होकर उसने कहा था—"आप एक वीर पुरुष हैं, मैं आपकी इस वीरता की प्रशंसा करता हूं, परन्तु आपकी यह जवानी इस दण्ड को पाने के योग्य नहीं है। एक दिन तुम अच्छे राजनीतिक नेता बन सकते थे...।"

किन्तु भगत सिंह तो आखिर भगत सिंह ही थे; सरकारी वकील के इस प्रकार कहने पर भी वे अविचलित रहे। उनकी नजरों में मृत्यु परम आनन्द को प्राप्त करने का साधन थी। बुढ़ापे में दयनीय होकर मरने से जवानी में अपने कर्तव्य को पूरा करते हुए मातृभूमि की सेवा में बलिदान हो जाना उनके मत में सबसे अच्छी मृत्यु थी। इसलिए सरकारी वकील से उन्होंने कहा था, 'अच्छा यही है कि जवानी में ही ऐसी सजा मिले। मेरे पूर्वजों का कहना था—

जिस मरने से जग डरे, मेरे मन आनन्द।
मरने ही ते पाइये पूरन परमानन्द।।

जिस मृत्यु से सारा संसार डरता है, उसे गले लगाते मुझे आनन्द मिल रहा है, क्योंकि मृत्यु होने पर ही परम आनन्द अर्थात् परमात्मा की प्राप्ति होती है।

इसके बाद सरकारी वकील ने उन्हें अपील करने की सलाह दी लेकिन भगत सिंह इसके विरुद्ध थे। उन्हें अंग्रेज सरकार से किसी न्याय की आशा नहीं थी। वे पुनः अपील करना, अंग्रेजों से भीख मांगने के समान समझते थे। इस प्रकार भीख मांगने से तो मरना उनकी दृष्टि में अच्छा था। अतः उन्होंने कहा—

'इससे कोई लाभ नहीं। हम इन साम्राज्यवादी अदालतों से न्याय की आशा नहीं करते। आजकल अंग्रेज अधिकारी भारतीय नवयुवकों को कुचलने में लगे हैं। यहां कोई दया नहीं है। यहां यही तोहफा है, जो हमें मिला है। शत्रु से भीख मांगने के बजाय बहादुरी से मरना अच्छा है। मैं स्वतंत्रता की शमा का परवान हूं।'

इसके बाद भगत सिंह को उनके दो अन्य साथियों राजगुरु एवं सुखदेव सहित कोठी नं. 14 में भेज दिया गया जहां फांसी की सजा पाये कैदियो को फांसी दिये जाने तक रखा जाता था।

(8)

फैसले के बाद

कोठरी नं. 14 में भेजे जाने से पहले भगत सिंह, राजगुरु तथा सुखदेव अपने–अपने साथियों से मिले। सभी साथी एक–दूसरे के गले मिले। विदा होने से पूर्व उन्होंने आपस में कुछ मिनटों तक बातें की, तब भगत सिंह ने उन्हें अपना अंतिम संदेश दिया–

"साथियों! मिलना और बिछुड़ना लगा रहता है। हो सकता है हम फिर मिल सकें। जब आपकी सजा पूरी हो जाए, तो घर पहुंचकर दुनियादारी के कामों मे उलझ मत जाना। जब तक आप भारत से अंग्रेजों को निकालकर समाजवादी गणतन्त्र स्थापित न कर लें, आराम से न बैठें। यह मेरा आपके लिए अन्तिम संदेश है।"

प्रिवी परिषद् में अपील :

इस फैसले के बाद बचाव कमेटी ने प्रिवी परिषद् में अपील करन का विचार किया। प्रिवी परिषद ब्रिटिश साम्राज्य की सबसे बड़ी अदालत है। भगत सिंह इसके पक्ष में नहीं थे। अतः कोई भी अभियुक्त इसमें नहीं गया और न उन्होंने कोई वकील ही भेजा। न इसमें कोई जिरह हुई और न बहस ही। केवल सरकार द्वारा लगाये गए आरोपों का उत्तर भर दिया गया। भगत सिंह की इच्छा थी कि देश की जो दशा है, उसे देखते हुए फाँसी ही हो। इससे कम से कम भारतीयों को कुछ तो शिक्षा मिलेगी कि गुलाम देश के नागरिकों की क्या दशा होती है। इसलिए वह मन ही मन इस बात से डर भी रहे थे कि कहीं प्रिवी परिषद में फैसला बदल न जाए; कहीं फाँसी की सजा के बदले आजन्म कैद न हो जाए। इसे वे अपने लिए हानिकारक समझते थे। वास्तव में यदि प्रिवी परिषद् निष्पक्ष फैसला देती तो ऐसा ही होना चाहिए था।

उनके साथी बटुकेश्वर दत्त को आजन्म कैद की सजा हुई थी। इस समय

वह मुल्तान जेल में थे। तब भगत सिंह ने नवम्बर, 1930 में उन्हें एक पत्र लिखा था–

मुझे सजा सुना दी गई है। फाँसी का आदेश हुआ है। इन कोठरियों मे मेरे अलावा बहुत–से अपराधी हैं, जो फाँसी की प्रतीक्षा कर रहे हैं। ये लोग यही प्रार्थना कर रहे हैं कि किसी तरह फाँसी टल जाए, परन्तु उनके बीच शायद मैं ही एक ऐसा आदमी हूं, जो बड़ी बेताबी से उस दिन का इन्तजार कर रहा हूं, जब मुझे आदर्श के लिए फांसी के फन्दे पर झूलने का सौभाग्य प्राप्त होगा। मैं खुशी के साथ फाँसी के फन्दे पर चढ़कर दुनिया को दिखा दूंगा कि क्रान्तिकारी अपने आदर्शों के लिए कितनी वीरता से बलिदान कर सकते हैं।

मुझे फाँसी की सजा मिली है, किन्तु तुम्हें आजन्म कारावास का दण्ड मिला है। तुम जीवित रहोगे और तुम्हें जीवित रहकर यह दिखाना होगा कि क्रान्तिकारी केवल मर ही नहीं सकते, वरन जिन्दा रहकर मुसीबतों का सामना भी कर सकते हैं। मृत्यु सांसारिक कठिनाइयों से मुक्ति का साधन नहीं बनानी चाहिए, बल्कि जो क्रान्तिकारी संयोग से फाँसी के फन्दे से बच गए हैं, उन्हें जिन्दा रहकर दुनिया को यह दिखा देना चाहिए कि वे न केवल अपने आदर्शों के लिए फाँसी के फन्दे पर चढ़ सकते हैं, अपितु जेलों की अँधेरे से भरी छोटी–छोटी कोठरियों में घुट–घुटकर बदतर दर्जे के जुल्मों को भी बर्दाश्त कर सकते हैं।"

भले ही भगत सिंह प्रिवी परिषद में अपील के एकदम विरोध में थे परन्तु उनके अनेक शुभचिन्तक थे जो अपील करना जरूरी समझते थे। बचाव समिति ने इस मुकदमे में अपनी ओर से कोई कसर नहीं छोड़ी थी। पण्डित मोतीलाल नेहरू की हार्दिक इच्छा थी कि इन वीरों का जीवन बच जाए, वह इन दिनों बीमार थे; मृत्यु के एकदम समीप। उन्होंने वहीं से भगत सिंह के पास सन्देश भिजवाया। वकील प्राणनाथ मेहता स्वयं जाकर जेल में उनसे मिले। उन्होंने अनेक प्रकार से भगत सिंह को समझाया कि प्रिवी परिषद में अपील करने से उनके विचार देश–विदेश के लोगों के सामने पहुँचेंगे। भारत में अंग्रेजों के अत्याचारों तथा जेलों में कैदियों की दुर्दशा दुनिया के लोगों के सामने आएगी। अन्त में इतने प्रयत्न करने पर भगत सिंह ऐसा करने के लिए राजी हुए। फिर भी इस अपील से भगत सिंह का उद्देश्य केवल इतना ही था कि कुछ दिन उनकी फाँसी रुक जाए, ताकि इससे उनके साथी क्रान्तिकारियों को लाभ हो।

अपील का उद्देश्य यह हो कि अभी हमारी फाँसी रुक जाए। जब कांग्रेस का सरकार से समझौता हो और वह अपने परिणामों से शानदार सिद्ध न हो, युवकों

में इससे असन्तोष फैल रहा हो। बस, उन्हीं घड़ियो में हमें फॉसी लगे और इधर कांग्रसियों की बागडोर क्रान्तिकारियों के हाथों में चली जाए।

उन्हें यह सजा किसी नियमित अदालत ने नहीं दी थी, वरन यह मुकदमा एक विशेष न्यायाधिकरण (ट्रिब्यूनल) में चला था, जिसकी स्थापना वाइसराय के एक अध्यादेश द्वारा की गई थी। अतः वह इस न्यायाधिकरण को गैर–कानूनी मानते थे, उनकी दृष्टि में यह फैसला भी गैर–कानूनी था। इसी आधार को लेकर उन्होंने अपील करने की सलाह दी थी, क्योंकि वह समझते थे कि इससे अपील खारिज हो जाएगी। सजा तो बहाल रहेगी, परन्तु कुछ दिनों के लिए फांसी जरूर टल जाएगी। अतः बचाव समिति के सदस्यों लाला दुलीचन्द, डा. गोपीचन्द भार्गव आदि ने इस सजा के विरोध में नवम्बर, 1930 में प्रिवी परिषद् में अपील दायर की, किन्तु इसका भी कोई परिणाम नहीं निकला; 10 जनवरी, 1931 को यह अपील रद्द कर दी गई।

हाईकोर्ट में अपील :

न्यायाधिकरण के फैसले के अनुसार भगत सिंह तथा उनके साथियों को अक्टूबर, 1930 में फाँसी दी जानी थी। प्रिवी परिषद् में जाने से मामला टल गया था। अतः मै. जीवनलाल तथा श्याम लाल ने इस फाँसी की सजा के विरुद्ध 16 फरवरी, 1931 में हाईकोर्ट में अपील की, जिसमें तर्क दिया गया था कि फाँसी की वास्तविक तारीख अक्टूबर, 1930 में थी, यह समय अब बीत गया था। इसके साथ ही इस मामले की सुनवाई करनेवाले न्यायाधिकरण का कार्यकाल भी समाप्त हो गया था। अतः इस अपील में इस फाँसी तथा अभियुक्तों की नजरबन्दी को अवैध सिद्ध करते हुए हाईकोर्ट को इस मामले को फिर से विचार करने के लिए चेतावनी दी गई थी।

किन्तु भला अंग्रेज न्याय–व्यवस्था से ऐसी उम्मीद कैसे की जा सकती थी। उसका तो शुरू से ही रवैया स्पष्ट था कि वह तो जैसे भी बने इन वीरों को अपने रास्ते से हटाने पर तुली हुई थी। जिन्दा रहकर वे अंग्रेजों के अत्याचारों का भांडा फोड़े बिना नहीं रह सकते थे। तब हाई कोर्ट में भी यह अपील कैसे स्वीकार हो सकती थी। इसने भी अपील दायर करने के पांचवें ही दिन 20 फरवरी, 1931 को इस अपील को अस्वीकार कर दिया।

वाइसराय से दया की अपील :

मातृभूमि के लिए अपने जीवन का बलिदान कर देनेवाले इन वीरों को फांसी की सजा सुना दिये जाने पर देश की जनता कैसे चुप बैठी रह सकती थी। हर व्यक्ति चाहता था कि इनके प्राणों की रक्षा हो, हर कोई अपने स्तर से, अपने ढग से इस अन्याय के विरोध में आवाज उठा रहा था। 'जब तक साँस तब तक आस' दुनिया का एक अटल नियम है। अत: प्रिवी परिषद् में अपील खारिज हो जाने पर प्रसिद्ध समाज सुधारक एवं नेता पण्डित मदनमोहन मालवीय ने 14 फरवरी, 1931 को वाइसराय के पास अपील कर दी। इस अपील में वाइसराय से प्रार्थना की गयी थी कि वह अपने दया के अधिकारों का प्रयोग करके भगत सिंह, राजगुरु तथा सुखदेव की फाँसी की सजा को आजन्म कारावास में बदल दें।

प्रिवी परिषद में अपील रद्द कर दिये जाने पर भारत के कोने–कोने से वाइसराय के पास दया–याचना के प्रार्थना–पत्र जाने लगे। केवल भारत ही नहीं; विदेशों से भी लोगों ने इसके लिए आवाज उठाई। इस सजा की भी विदेशों में निन्दा की गई। इस मुकदमें के विषय में इंगलैण्ड की कम्युनिस्ट पार्टी ने अपने विचारों को प्रकट करते हुए लिखा—

"इस मुकदमें का इतिहास, जिसका कि राजनीतिक मुकदमों के सन्दर्भ में उदाहरण तक नहीं मिलता, कठोर हृदय तथा निर्दयता से किये गए लक्षणों को प्रकट करता है, जो ब्रिटेन की मजदूर साम्राज्यवादी सरकार की एक उन्मत्त इच्छा की परिणति है, जिससे के दबे हुए लोगों के दिलों में भय उत्पन्न किया जाए।"

इस मुकदमें में अदालत की क्रूर कार्यवाही की दुनिया–भर में निन्दा की गई। बर्लिन के एक पत्रकार ने लिखा—

'लाहौर षड्यन्त्र का तथा मेरठ षड्यन्त्र का रानीतिक ढाँचा क्रूर साम्राज्यवादी कसाई मैक्डोनाल्ड के कारण आरम्भ हुआ। अदालती कत्ल का नारा इसलिए लगाया गया ताकि अंग्रेजी साम्राज्यवाद अपनी बस्ती के लोगों पर अपना कब्जा बनाये रखें।"

प्रिवी परिषद् द्वारा अपील रद्द कर दिये जाने पर देश के वातावरण का वर्णन करते हुए लाहौर से निकलनेवाले समाचार–पत्र 'ट्रिब्यून' ने लिखा—

"यह आन्दोलन पूरे राष्ट्र में फैल गया तथा इसमें पंजाब और दूसरे प्रान्तों के हजारों–सैकड़ों लोगों ने भाग लिया।"

इस प्रकार भगत सिंह और उनके दो साथियों राजगुरु एवं सुखदेव की फाँसी की सजा रद्द करने के लिए देश के समाचार–पत्रों ने अपनी पुरजोर आवाज बुलन्द की थी। समाचार–पत्रों के कई पृष्ठ उनकी रिहाई के पत्रों से भरे रहते थे। लाखों लोगों ने हस्ताक्षर अभियान चलाये। इन हस्ताक्षरों वाले निवेदन–पत्र भारत के वाइसराय तथा सरकार के पास भेजे जाते थे, जिनमें तीनों वीरों की मृत्यु–दण्ड की सजा को बदलने का निवेदन किया जाता था। इंगलैण्ड की सरकार के मन्त्रियों तथा भारत के वाइसराय के पास लोगों ने इसी उद्देश्य के लिए दुनिया के हर भाग से तार भेजे थे। इंगलैण्ड की संसद के निचले सदन के कुछ सदस्यों ने भी इस सजा का विरोध किया था। इन सदस्यों ने वाइसराय से इस सजा को बदलने की प्रार्थना की थी–

"हाउस ऑफ कॉमन्स की स्वतंत्र मजदूर पार्टी समझौते के दृष्टिगत लाहौर षड्यन्त्र केस के अभियुक्तों के लिए सच्चे दिल से निवेदन करती है।"

यह निवेदन तार द्वारा किया गया था, जो 6 मार्च, 1931 को वाईसराय को मिला। प्रिवी परिषद् में अपील निरस्त हो जाने से भारत के नौजवानों को बहुत अधिक गुस्सा था। इसे वे सम्पूर्ण भारतवर्ष का सबसे बड़ा अपमान समझ रहे थे और उनका लहू बदले की भावना से उबल रहा था। पंजाब के युवक सबसे अधिक गुस्से में थे। 'खून के बदले खून' यही उनका आदर्श वाक्य बन चुका था। इस तरह के पोस्टर पूरे पंजाब में चिपकाये गए थे तथा पर्चे बांटे गये थे। इसी प्रकार के एक पर्चे की भाषा निम्नलिखित शब्दों में थी–

"भारत के निड़र नौजवानों! क्या आप दिन–प्रतिदिन की उत्तेजक घटनाओं से शर्मिन्दा नहीं हैं? क्या आप भारत की आजादी के परवानों को मौत के घाट उतारे जाने से प्रभावित नहीं हैं? क्या आप देशभक्ति की भावना से पूरी तरह शून्य है? क्या भगत सिंह, सुखदेव तथा राजगुरु को काल–कोठरी में देखकर भी आपके दिलों में स्वाभिमान की भावना उत्पन्न नहीं होती, भले ही आपके सोचने की ताकत खत्म हो गई हो, फिर भी भारत सरकार की धक्केशाही के विरुद्ध पाठ पढ़ाना आपका धर्म है। एक घटिया और मामूली पुलिस अफसर की हत्या पर पूरी अंग्रेज कौम ऐसा महसूस करती है, जैसे उसका जीवन खतरे में हो, लेकिन अफसोस की बात है कि आपके भाइयों में से तीन को फाँसी दी जा रही है और आप बदला लेने के लिए भी तैयार नहीं हुए।"

पहले उल्लेख हो चुका है कि भगत सिंह ने 'नौजवान भारत सभा' की स्थापना की थी, जिसे सरकार ने 1930 में गैर–कानूनी घोषित कर दिया था,

किन्तु यह छिपे रूप में सक्रिय थी। लाहौर षड्यन्त्र केस के इन तीन वीरों की अपील रद्द किये जाने पर इस सभा के सदस्यों ने हस्ताक्षर अभियान में बढ़–चढ़कर भाग लिया। वाइसराय को जो सजा कम करने के प्रार्थना–पत्र भेजे गए थे, उनमें हस्ताक्षर कराने के लिए एक समिति बनाई गई थी। इस समिति के सदस्य वास्तव में 'नौजवान भारत सभा' के ही सदस्य थे। सरकार इस तथ्य को जानती थी। इस विषय में सरकार ने अपनी रिपोर्ट में लिखा–

"षडयन्त्र केस के अभियुक्तों की अपील की आज्ञा का प्रार्थना–पत्र रद्द कर दिये जाने के समाचार से मौत की सजा पानेवालों की सजा कम करवाने. अनुस्मारकों पर हस्ताक्षर लेने के लिए एक तेज अभियान आरम्भ हो गया है। समिति जो इस अभियान को चला रही है, बदले हुए रूप में 'नौजवान भारत सभा' ही फिर से जीवित हुई है।"

इस समय युवा वर्ग के आक्रोश से कांग्रसियों को अपना भविष्य भी अंधकारमय दिखाई देने लगा था। कांग्रेस के एक प्रसिद्ध नेता डॉ. पट्टाभि सीतारमैया ने इस स्थिति का वर्णन करते हुए लिखा है–

"घोषित किये गए दण्डों पर देशभर में तीव्र प्रतिक्रिया हुई। कांग्रेसी इन दण्डों के परिवर्तन के लिए पूरे देश–भर मैं फैली सद्भावना से कोई अवसर ढूंढ लेना चाहते थे।"

इस विषय में गांधीजी की भूमिका

इन दिनों महात्मा गांधी कांग्रेस के एकछत्र नेता थे। उनका भारत के उस समय के वाइसराय से एक समझौता हुआ था। इस समझौते को गांधी–इरविन समझौता कहा जाता है, जो फरवरी–मार्च, 1931 में सम्पन्न हुआ था। लार्ड इरविन भारत के तत्कालीन गवर्नर जनरल वाइसराय थे। अतः भगत सिंह, राजगुरु तथा सुखदेव को मिली फाँसी की सजा के सन्दर्भ में महात्मा गांधी की क्या भूमिका रही। यहाँ इस पर एक संक्षिप्त सरसरी निगाह डाली जा रही है।

गांधी–इरविन समझौता वार्ता 17 फरवरी से 4 मार्च, 1931 तक कुल सोलह दिन तक चली। यह वार्ता दिल्ली में वाइसराय के निवास स्थान में हुई, जिसमें इन दोनों के अलावा कोई सहायक नहीं था। इस प्रकार यह गुप्त वार्ता थी। लार्ड इरविन सभी बातों को अपनी फाइल में लिखता था, किन्तु गांधीजी इस पर कहीं कुछ नहीं कहते थे। इस सजा की बात गांधीजी ने 18 फरवरी, 1931 को उठाई थी, किन्तु उनकी सजा कम करने के बात नहीं की थी। इस

समझौते पर 5 मार्च, 1931 को हस्ताक्षर हुए तथा 6 मार्च को इसे भारत सरकार के बजट में प्रकाशित कर दिया गया। सारा देश इस समझौते पर आशा लगाये बैठा था कि शायद इसमें भगत सिंह तथा उनके दो मित्रों की सजा को कम करने के बारे में भी कुछ होगा, लेकिन ढाक के वही तीन पात इस मामले की इसमें कहीं कोई चर्चा भी नहीं हुई थी।

यही नहीं स्वयं कांग्रेसी भी इस प्रकार के समझौते से सन्तुष्ट नहीं थे। इसे पहले 4 मार्च रात ढाई बजे, जब गांधी जी वाइसराय भवन से लौटे, तो कांग्रेस कार्यकारिणी के सभी सदस्य बेसब्री से उनका इन्तजार कर रहे थे। गांधीजी बड़े प्रसन्न दिखाई दे रहे थे। उन्होंने समझौते की सभी बातें बताई। इस समझौते की धारा पांच पर कोई भी सदस्य खुश न था। यह धारा राजनीतिक बन्दियों को लेकर थी, परन्तु इसमें केवल सत्याग्रही बन्दियों का ही उल्लेख हुआ था, भगत सिंह या अन्य देशभक्त राजनीतिक बन्दियों की कोई चर्चा नहीं हुई थी। साथियों की फाँसी की बात पूरी तरह गुप्त रखी गई थी, फिर भी यह बात सभी को मालूम हो गई थी कि यह फांसी 23 मार्च को दी जाएगी। अतः 5 मार्च को जिस दिन गांधी–इरविन समझौते पर हस्ताक्षर हुए, अभी इस फॉसी के 18 दिन बाकी थे। समझौते पर हस्ताक्षर होने के बाद 5 मार्च, 1931 की शाम गांधीजी ने पत्रकारों के एक समूह को सम्बोधित किया था। इन पत्रकारों में इंगलैण्ड, अमेरिका तथा भारत के प्रतिनिधि थे। इस अवसर पर महात्मा गांधी ने वाइसराय लार्ड इरविन की मुक्तकण्ठ से प्रशंसा की थी; इसके साथ ही पिछले एक वर्ष से राजनीतिक कारणों से परेशानियां सहनेवालों की प्रशंसा में उन्होंने कहा था–

"पीड़ा की निश्चित सीमा होती है। दुःख उचित भी होता है और अनुचित भी, किन्तु जब उसकी सीमा खत्म हो जाती है, तो उसे झेलना समझदारी नहीं, वरन् मूर्खता होगी। जब आपका विरोधी आपकी इच्छा पर आपके लिए विचार–विमर्श के अवसर उपलब्ध करा रहा हो, तो पीड़ा सहते जाना मूर्खता है। अगर कोई वास्तविक मार्ग खुलता है, तो हर एक व्यक्ति का यह कर्तव्य हो जाता है कि वह उसका लाभ उठाए। और मेरे तुच्छ मत से इस समझौते ने वास्तविक रास्ता खोल दिया है।"

सत्याग्रहियों के अलावा दूसरे कैदियों के लिए वह कुछ भी नहीं कर पाये थे। अतः जब एक पत्रकार ने इस विषय पर उनके विचार जानने चाहे, तो इस पर गांधी जी बोले–

"यदि हजारों नहीं भी, तो उन सैकड़ों लोगों के प्रति कुछ कहना मेरा फर्ज है, जो मेरे भूतपूर्व बन्दी साथी रहे हैं और जिनके पक्ष में मुझे तार मिले हैं तथा जो अब भी जेलों में सड़ते रहेंगे, किन्तु सत्याग्रही बन्दी जो पिछले बारह महीनों में गिरफ्तार किये गए हैं, मुक्त कर दिये जाएँगे। व्यक्तिगत रूप से मैं दण्ड के रूप में किसी को भी बन्दी बनाये जाने में विश्वास नहीं रखता; उन्हें भी नहीं, जो हिंसा करते हैं। मैं जानता हू कि जिन लोगों ने राजनीतिक उद्देश्यों के लिए हिंसा की है, वे भी उतने ही प्रेम और बलिदान का दावा करने के अधिकारी हैं, जितना कि मैं कर सकता हूँ। भले ही उतना समझदार होने का दावा वे न कर सकते हों। और इसलिए यह मेरे लिए न्यायपपूर्ण बात होती कि मैं अपने या अपने सत्याग्रही साथियों के बदले उनकी स्वतंत्रता प्राप्त करता, किन्तु मुझे विश्वास है कि वे इस बात को समझेंगे कि मेरे पास उनकी रिहाई की मांग का कोई औचित्य नहीं था। परन्तु इस का यह अर्थ नहीं कि मेरे या कार्यकारिणी के सदस्यों के मस्तिष्क में उनका विचार नहीं था। यद्यपि कांग्रेस समझौते में अपने साथ जुड़ी शर्तों को इमानदारी के साथ पूरी तरह पूर्ण करते हैं, तो कांग्रेस को पूरी तरह पूर्ण प्रतिष्ठा प्राप्त होगी और इससे सरकार को यह विश्वास प्राप्त होगा कि कांग्रेस शान्ति बनाये रखने में समर्थ है तथा वैसे ही समर्थ हैं, जैसे मैं सोचता हूँ जैसे उसने असहयोग के दौरान शान्ति दिखाई है। और यदि जनता कॉंग्रेस को यह अधिकार और आदर प्रदान करती है, तो मैं वचन देता हूँ कि नजरबन्दों, मेरठ नजरबन्दियों तथा अन्य सभी राजनीतिक कैदियों सहित सभी बन्दियों को रिहा कराने में अधिक समय नहीं लगेगा।"

क्रान्तिकारियों का विशेष उल्लेख करते हुए उन्होंने आगे कहा था—

"भारत में निःसन्देह एक लघु किन्तु गतिशील संगठन है, जो हिंसा के प्रयोग से भारत को स्वतंत्र कराना चाहता है। मैं पहले की तरह इस संगठन से प्रार्थना करता हूँ कि यह अपनी गतिविधियां बन्द कर दें, विश्वास के अन्तर्गत न सही स्थिति की मॉग को देखते हुए, उन्होंने शायद इस बात को समझ लिया है कि अहिंसा में कितनी बड़ी शक्ति है। वे इस बात से इन्कार नहीं करेंगे कि अहिंसा के रहस्यात्मक और फिर भी निश्चित प्रभाव के कारण ही जनता को जगाने का आश्चर्यजनक कार्य सम्भव हुआ है। मैं उनसे धैर्य और सत्य एवं अहिंसा की योजना को कार्यान्वित करने के अवसर की अपेक्षा करूँगा। आखिर डांडी–यात्रा को मुश्किल से अभी एक वर्ष ही हुआ है। तीस करोड़ मनुष्यों के जीवन को

प्रभावित करने वाले प्रयोग का एक वर्ष कालचक्र के एक सेकेण्ड के बराबर है। उन्हें अपने जीवन को मातृभूमि की सेवा के लिए सुरक्षित रखना चाहिए। उसके लिए सबकी जरूरत होगी और उन्हें कांग्रेस को एक अवसर देना चाहिए कि वह अन्य सभी राजनीतिक बन्दियों को रिहा करा सके और उन लोगों को भी फांसी के फन्दे से बचा सके, जिन्हें हत्या के आरोप में दोषी पाये जाने पर यह सजा दी जानी है। मैं झूठी आशाएं नहीं बांधना चाहता। मैं सबके सामने अपनी और कांग्रेसी की बात आपको बता सकता हूँ। प्रयत्न करना ही हमारा काम है, परिणाम सदा ईश्वर के हाथ में है।"

6 मार्च को गांधीजी ने दरियागंज, दिल्ली में एक पत्रकार–सम्मेलन बुलाया था, जिसमें भारत के साथ ही पश्चिमी देशों के भी विख्यात पत्रकार आये थे। भगत सिंह की फांसी की सजा को कम कराने के विषय में पूछे जाने पर गांधीजी ने कोई सन्तोषजनक उत्तर नहीं दिया था। लार्ड इरविन ने अपनी 19 मार्च, 1931 की फाइल में लिखा है–'जाते समय गांधीजी ने मुझसे पूछा कि क्या मैं भगत सिंह के मुकदमें की बात कर सकता हूँ, क्योंकि अखबारों में 24 मार्च को उसे फांसी दिये जाने की सूचना है। यह दिन दुर्भाग्यपूर्ण होगा, क्योंकि इस दिन करांची में कांग्रेस के नये अध्यक्ष को पहुंचना है और वहां काफी गहमा–गहमी होगी। मैंने उन्हें समझाया कि मैंने इस विषय में बहुत सावधानी से सोचा है, परन्तु मुझे कोई आधार नहीं मिला, जिससे मैं सजा बदलने के लिए अपने को समझा पाऊँ। ऐसा लगा कि उन्हें मेरे तर्क में वजन प्रतीत हुआ।"

हर्बेट इमरसन लार्ड इरविन के समय भारत के गृह सचिव थे। जब गांधी–इरविन समझौता चल रहा था, महात्मा गांधी तथा लार्ड इरविन आपस में समझौते की बातें करते थे, तो कभी–कभी बीच में हर्बेट इमरसन को भी कमरे में बुलाया जाता था। इस विषय में इमरसन के शब्दों से भी यही निष्कर्ष निकलता है कि भगत सिंह आदि की फाँसी की सजा बदलने के लिए गांधीजी ने कोई विशेष कोशिश नहीं की थी–"गांधीजी मुझे इस विषय में विशेष चिन्तित नहीं लगे। मैंने उनसे कहा कि यदि सब कुछ बिना गड़बड़ के हो जाता है, तो हम सौभाग्यशाली होंगें। मैंने उनसे यह भी कहा कि अगले कुछ दिनों के लिए दिल्ली में हो रही सभाओं और हिंसा भड़काने वाले भाषणों के लिए वह कुछ करें, तो उन्होंने हर सम्भव प्रयत्न करने का वायदा किया।"

एलन कैम्पवेल जॉनसन ने लार्ड इरविन की जीवनी लिखी है, जिसमें उन्होंने इमरसन के संस्मरणों का भी उल्लेख किया है। इसमे एक स्थान पर हर्बेट

इमरसन के भगत सिंह की फांसी के विषय में गांधीजी तथा इमरसन के बीच हुई बीतचीत के एक संस्मरण यहां दिया जा रहा है–

"सर हर्बेट इमरसन गृह सदस्य, जिन्हें दिल्ली वार्ता में महत्वपूर्ण भूमिका निभाने का उत्तरादित्व सौंपा गया था, कहते हैं कि जब भगत सिंह को फांसी लगाने के सम्बन्ध में गांधी और इरविन समझौता हो गया, तो उसके बाद उन्होंने उन दोनों की बातचीत को आश्चर्यचकित होकर सुना। यह बातचीत दो राजनीतिज्ञों के बीच इस बात पर नहीं हो रही थी कि आतंकवाद के राजनीतिक परिणाम क्या हो सकते हैं, अपितु मानव जीवन की पवित्रता पर दो सन्तों के बीच हो रही थी।"

भगत सिंह तथा साथियों की फांसी के सन्दर्भ में महात्मा गांधी की भूमिका पर बाद के भारतीय चिन्तकों ने भी तीव्र आपत्ति की है। उपर्युक्त सभी विवरणों से यही बात सामने आती है कि इस सजा को कम करवाने के लिए उन्होंने कोई ठोस कदम नहीं उठाया था। इस बात को उन्होंने स्वयं स्वीकार भी किया है। अपनी पुस्तक 'यंग इण्डिया' में उन्होंने लिखा है कि–

"मैं इस सजा के परिवर्तन को समझौते की शर्त बना लेता, पर यह यकीन न हो सका...। कार्यकारिणी समिति मुझसे सजा के परिवर्तन को समझौते की शर्त न बनाने में सहमत थी। इसलिए मैं केवल इसका जिक्र ही कर सका।"

इससे स्पष्ट हो जाता है कि यदि गांधीजी इसी शर्त पर समझौता करते, तो ऐसी कोई बात ही नहीं थी कि यह सजा न बदलती। गांधी–इरविन समझौते पर 5 मार्च, 1931 को हस्ताक्षर हो गये थे। इस समझौते के आधार पर सभी सत्याग्रही राजनीतिक बन्दियों को छोड़ दिया गया किन्तु देश–प्रेम के लिए अपने जीवन की भी परवाह न करनेवाले क्रान्तिकारियों के लिए इस समझौते ने कुछ भी नहीं किया। गांधीजी के इस व्यवहार के प्रति आजाद हिन्द फौज के जनरल मोहनसिंह ने लिखा है–

"वह (गाधीजी) भगतसिंह को फांसी पर चढ़ने से बचा सकते थे, यदि उन्होंने इस राष्ट्रीय वीर की रिहाई को एक राष्ट्रीय प्रश्न बना लिया होता तो पूरा राष्ट्र कुर्बानी के लिए तैयार था। दूसरे वह भगत सिंह तथा उनके साथियों को बचा सकते थे। परन्तु वह अपनी अहिंसावादी विचारधारा की झूठी प्रशंसा को नहीं त्याग सके क्योंकि भगत सिंह के छूटने से क्रान्तिकारी नेताओं में दृढ़ता आ जाती और वह यह तथ्य था जिसे महात्मा गांधी सहन नहीं कर सकते थे।"

महात्मा गांधी के इस समझौते को कांग्रेसियों के अलावा सभी राष्ट्रीय विचारधारा वाले राजनीतिज्ञों ने एक विश्वासघात कहा था। ऐसा कहने वालों में

कॉंग्रेस वर्कर यूथ लीग वाले भी थे। बम्बई के 'फ्री प्रेस जनरल' ने इस समझौते को देश की जनता के साथ गद्दारी की संज्ञा देते हुए लिखा था–"काग्रेस कार्यकारिणी पर विश्वासघात तथा हार मानने के अपराध का आरोप लगाया जा सकता है।"

इस प्रकार हम देखते हैं कि इस समझौते में महात्मा गांधी की भूमिका विवादास्पद रूप में सामने आई। जहाँ सारा देश इन वीरों के जीवन की रक्षा करना चाहता था, देशवासियों ने उनके जीवन की रक्षा के लिए हर सम्भव कोशिश की, वहीं गांधीजी ने, जो वास्तव में उनके जीवन की रक्षा कर सकते थे, इसके लिए जो कोशिश की, वह नहीं के बराबर थी। गांधीजी की दृष्टि में केवल राजनीतिक बन्दी वही थे, जो कांग्रेस के सत्याग्रही थे। भले ही एक चतुर राजनीतिज्ञ की तरह पत्रकारों के प्रश्नों का उतर देते हुए कहा था, 'व्यक्तिगत रूप से मैं किसी को भी बन्दी बनाये जाने में विश्वास नहीं रखता, उन्हें भी नहीं, जो हिंसा करते हैं।' पर इससे क्या होता है? उनका यह कथन ठीक वैसा ही है जैसे कोई छाया में बैठा व्यक्ति किसी तेज धूप में झुलसते हुए व्यक्ति से कहे कि मुझे तुमसे पूरी हमदर्दी है, मैं चाहता हूं, तुम भी छाया का आनन्द लो, पर क्या करूँ मेरा मन यहां से उठने को है ही नहीं, मैं तुम्हें यहां पर बिठा नहीं सकता। इस तरह की चिकनी–चुपड़ी बातें करने से धूप में झुलसते व्यक्ति को क्या राहत मिलेगी, इसका अनुमान आसानी से लगाया जा सकता है। यदि वास्तव में हमें किसी से सहानुभूति है, तो उसके दुःख को दूर करने के लिए हमें कुछ त्याग तो करना ही पड़ेगा। गांधीजी को अपने सिद्धान्त सबसे अधिक प्रिय थे। ऐसे सिद्धान्त भी क्या, जो एक ऊँचे आदर्शों के लिए लड़नेवाले, महान देशभक्त के जीवन की रक्षा नहीं कर सके। वस्तुतः इस समझौते से वह कांग्रेस के भविष्य को सुन्दर बनाना चाहते थे, इसी प्रसंग में पत्रकारों से उन्होंने आगे कहा था, "उन्हें (क्रान्तिकारियों को) अपने जीवन को मातृभूमि को सेवा के लिए सुरक्षित रखना चाहिए। उसके लिए सबकी जरूरत होगी और उन्हें कांग्रेस को एक अवसर देना चाहिए कि वह अन्य सभी राजनीतिक बन्दियों को रिहा कर सके और उन लोगों को भी फाँसी के फन्दे से बचा सके, जिन्हें हत्या के आरोप में दोषी पाये जाने पर यह सजा दी जानी है।" भला इसे क्या कहा जाए; जब उन्हें फाँसी के फन्दे से बचाया जा सकता था, उस समय तो उस मामले को ही दबा गए थे और अब उन्हीं के कन्धे में बन्दूक रखकर कांग्रेस की जीत के लिए निशाना साध रहे थे।

अधिकतर भारतीयों ने गांधीजी के इस कार्य की आलोचना की है। केवल पट्टाभि सीतारमैया जैसे इतिहास–लेखकों ने ही उनके इस कार्य की प्रशंसा की है। उपयुक्त विवरणों से स्पष्ट है कि समझौते की सभी बातों को वाइसराय लार्ड इरविन फाइलों में दर्ज कर लेते थे। इसमें महात्मा गांधी के सुझाव भी शामिल हैं। इसके अनुसार महात्मा गांधी ने यह फाँसी का मामला केवल एक ही बार उठाया था। महात्मा गांधी के कथनों से भी यही बात सिद्ध होती है, किन्तु डॉ. पट्टाभि सीतारमैया ने लिखा है–

"वार्ता के दौरान गांधी और इरविन के बीच भगत सिंह और उनके साथियों राजगुरु और सुखदेव की फांसी की सजा को बदलने के विषय में कई बार लम्बी बातचीत हुई थी।"

विशेष ध्यान देने योग्य बात यह है कि डॉ. पट्टाभि सीतारमैया एक प्रसिद्ध गांधीवादी कांग्रेसी नेता थे। गांधीजी की उन पर विशेष कृपा थी, इस बात का प्रमाण सुभाषचन्द्र बोस के कांग्रेस का अध्यक्ष चुने जाने पर मिला था। इस चुनाव में दो व्यक्ति खड़े थे–नेताजी सुभाषचन्द्र बोस तथा डॉ. पट्टाभि सीतारमैया, जिसमे नेताजी जीते थे। नेताजी की जीत पर गांधीजी इस बात पर अड़ गए थे कि कांग्रेस की कार्यकारिणी में उनकी (गांधीजी की) पसन्द के व्यक्ति रखे जाएं और यही नहीं उन्होंने यहाँ तक कह दिया था कि 'पट्टाभि रमैया की हार मेरी अपनी हार है।' गांधीजी के इस व्यवहार से दु:खी होकर नेताजी सुभाषचन्द्र बोस को अध्यक्ष पद से त्याग–पत्र देना पड़ा था। उन्होंने कांग्रेस भी छोड़ दी थी। अतः कहा जा सकता है कि डॉ. पट्टाभि रमैया गांधीजी के अन्धभक्त थे; उनकी इस बात पर विश्वास नहीं किया जा सकता। वास्तव में गांधीजी कांग्रेस तथा अपने यश का लोभ संवरण न कर सके। आजाद हिन्द फौज के जनरल मोहन सिंह की यह बात सत्य लगती है कि यदि गांधीजी भगत सिंह तथा अन्य साथियों को बचा लेते, तो क्रान्तिकारी अधिक शक्तिशाली हो जाते, जो कांग्रेस के हित में नहीं रहता। इसे गांधीजी कभी सहन नहीं कर सकते थे। गांधीजी ने इरविन से स्वयं कहा था कि यदि इन नौजवानों को फांसी पर चढ़ाना ही है, तो कांग्रेस के करांची अधिवेशन से पहले ही चढ़ा दिया जाए तो अच्छा रहेगा।' इसका उल्लेख भी डॉ. सीताभि पट्टारमैया की पुस्तक भारतीय राष्ट्रीय कांग्रेस का इतिहास, भाग एक में हुआ है। महात्मा गांधी जैसे राष्ट्रीय नेता को क्या इस प्रकार के शब्दों का प्रयोग करना शोभा देता है?

क्या गांधीजी की क्रान्तिकारियों के साथ कोई सहानुभूति नहीं थी? क्या वे

इन्हें अपना प्रतिद्वन्द्वी समझते थे अथवा क्या ऐसे देशप्रेमियों की तुलना में महात्माजी के सिद्धान्त ही सब कुछ थे? यह प्रश्न विवाद का विषय हो सकते हैं, परन्तु इतना सत्य है कि जब अखिल भारती स्तर पर भगतसिंह, राजगुरू तथा सुखदेव स्मारक बनाया जा रहा था, तो गांधीजी से भी सहयोग मांगा गया, किन्तु सहयोग देना तो दूर की बात, गांधी जी ने इस प्रकार के आयोजन के साथ किसी भी प्रकार का सम्बन्ध रखने से इन्कार कर दिया। इस कमेटी के महामन्त्री को उत्तर में उन्होंने निम्नलिखित पत्र लिखा था—

प्रिय मित्र,

आपका 31 जून का पत्र मिला। मैं आपके तर्कों से कतई सहमत नहीं हूं। जब किसी के सम्मान में स्मारक बना हो, तो निःसन्देह यह अभिप्राय होता है कि उसके स्मरणकर्ता उन्हीं पग–चिह्नों पर चलेंगे, जिनकी याद में स्मारक का निमार्ण किया जाना है। ऐसे कार्यों को अपनाना आनेवाली पीढ़ियों के लिए एक निमन्त्रण है। इसलिए मैं इस स्मारक से स्वयं को सम्बद्ध करने में किसी भी रूप से असमर्थ हूं।"

इन सबके साथ ही भगत सिंह आदि से जेल में मिलने के लिए अनेक राष्ट्रीय स्तर के नेता गए थे, जिनमें पं. मोतीलाल नेहरू, डॉ. किचलू, पण्डित जवाहरलाल नेहरू, राजर्षि पुरुषोत्तमदास टण्डन, डॉ. गोपीचन्द भार्गव आदि के नाम विशेष रूप में उल्लेखनीय हैं। मुहम्मद अली जिन्ना तक इन क्रान्तिकारियों से सहानुभूति रखते थे। महामना मदनमोहन मालवीय ने भगत सिंह तथा उनके साथियों के लिए वाइसराय से दया की अपील की थी, किन्तु गांधीजी इस विषय में सदा मौन ही रहे थे। महात्मा गांधी के प्रति उनके इस व्यवहार के लिए काँग्रेस वर्कर यूथ' ट्रेड यूनियन तथा अकाली दल के मनों में अत्यधिक गुस्सा था। गांधी–इरविन समझौते की रिपोर्ट भारत सरकार के बजट गजट में प्रकाशित होने के दूसरे ही दिन 7 मार्च, 1930 को दिल्ली में एक सभा बुलायी गई थी, जिसमे इन दलों ने अपने विचारों को प्रकट करने के लिए पर्चे बांटे थे। इन पर्चों में गांधीजी के इसी व्यवहार की आलोचना की गई थी—

"आज शान्ति कहाँ है, उन माताओं के हृदय को टटोलें, जिनके बेटे गोलियों के शिकार हो चूके हैं या फांसी के इन्तजार में कालकोठरियों में कैद हैं। उन पत्नियों से पूछें जिनके पति उन्हें विधवा बनाकर छोड़ गये हैं या विदेशी नौकरशाही की कैद में उम्रकैद भोग रहे हैं। क्या आप शहीदों के प्रति अपने उत्तरदायित्वों को भूल गए? ...क्या आप इस पवित्र समझौते के भागीदार बनेंगे?"

यह एक कड़वी सच्चाई है कि हम भारतीय सदा से ही व्यक्ति–पूजक रहे हैं। इसीलिए हमने महात्मा गांधी को भी पूज्य बना दिया। हममें से अधिकतर व्यक्ति उनके अन्धभक्त हैं। उनकी आलोचना करना हम अपराध समझते हैं , परन्तु सत्य सदा सत्य ही रहता है, चाहे सारी दुनिया एक तरफ हो जाए परन्तु सत्य हमेशा सत्य ही रहता है। जब मनुष्य स्वार्थ अथवा पूर्वाग्रहों से मुक्त नहीं हो पाता, तो उसे सत्य दिखाई नहीं पड़ता; उसकी आंखें सत्य को नहीं देख सकती; सत्य पर पर्दा पड़ जाता है। सत्य के दर्शन तभी हो सकते हैं जब मनुष्य उस विशेष के प्रति, जिसके विषय में उसे फैसला लेना है, एक न्यायाधीश की तरह अपने–पराये, मत–मतान्तर आदि भावनाओं से मुक्त होकर उसे देखे; हर प्रकार के स्वार्थ अथवा पूर्वाग्रहों से मुक्त हो जाए।

यद्यपि गांधीजी एक युगपुरुष रहे हैं, वह एक पूर्ण मानव थे, भारतीय इतिहास में उनका एक अद्वितीय स्थान रहा है, उनका सत्य तथा अहिंसा का मार्ग मानवता के लिए एक उदात्त भावना है; तथापि इतिहास की उपर्युक्त दो घटनाओं के लिए स्वतंत्र विचार करनेवाले भारतीय उन्हें कभी माफ नहीं कर पाएँगे–प्रथम घटना गांधी–इरविन समझौते में भगत सिंह, राजगुरु तथा सुखदेव के साथ उनका न्याय न करना तथा द्वितीय नेताजी सुभाषचन्द्र बोस को कांग्रेस का अध्यक्ष–पद छोड़ने को बाध्य करना। इसी प्रथम घटना के लिए तब करांची जाने पर रेलवे स्टेशन पर ही नौजवान सभा के सदस्यों ने उनके विरोध में नारे लगाये थे– 'गांधी वापस जाओ', 'गांधीवाद मुर्दाबाद', 'गांधी के समझौते ने भगतसिंह को फांसी लगवायी है, 'भगत सिंह जिन्दाबाद'।

(9)

सूर्य अस्त

पिछले अध्याय के वर्णन से स्पष्ट हो जाता है कि भगत सिंह के जीवन की रक्षा करने का भारतीयों का हर प्रयत्न असफल रहा तथा गांधी–इरविन समझौते ने उनकी फांसी को पूर्णतया स्पष्ट कर दिया। अतः अब वह मृत्यु को गले लगाने के लिए एक बहादुर देशभक्त की तरह फांसी के फन्दे का इन्तजार करने लगे।

घरवालों से अन्तिम मिलन :

जिन दिनों भगत सिह जेल में थे, उनके परिवार के लोग उनसे मिलने आते थे, परन्तु उन मुलाकातों तथा 3 मार्च, 1931 की मुलाकात में एक बहुत बड़ा अन्तर था; पिछली मुलाकातों में घरवालों के दिल के किसी कोने में कुछ क्षीण–सी आशा थी कि शायद भगत सिंह की फांसी की सजा बदल जाए, परन्तु आज का यह मिलन अन्तिम मिलन था; अलविदा की घड़ी थी। इस दिन उनके परिवार के सभी लोग, माता–पिता, दादा–दादी, चाचा–चाची, मामा–मामी तथा छोटे भाई–बहिन आये थे। दादाजी सरदार अर्जुन सिंह सबसे अधिक व्याकुल थे। वे भगत सिंह के सामने गये; उन्होंने पोते के सिर पर प्यार–भरा हाथ फेरा; कुछ कहना चाहा, किन्तु मन की बात होंठों तक आते–आते रह गयी, होंठ केवल कुछ फड़फड़ाकर रह गये; गला भर आया; उनके लिए पोते के पास रहना कठिन हो गया, वे वहां से हट गये, उनके हृदय की व्याकुलता आंखों से बरसने लगी। उनके इस दुःख का केवल अनुमान ही लगाया जा सकता है, क्योंकि कहा जाता है कि बेटे से पोता तथा धन से सूद अधिक प्रिय होता है।

छोटे भाई–बहिन उनके मुस्कराते हुए मिले। फिर मां विद्यावती से उनकी बातें हुई। उन्होंने अपनी मां से कहा—"मां, दादाजी अब ज्यादा दिन नहीं जिएंगे, आप बंगा जाकर उन्हीं के पास रहना, उनकी सेवा करना।"

मां ने एक वीरांगना की तरह पुत्र को उसके कर्तव्य की शिक्षा दी। शायद उनके मन में यह बात रही हो कि उनका बेटा अन्तिम क्षणों में कहीं मृत्यु से भयभीत न हो जाए, अतः उन्होंने कहा–''बेटे अपनी बात पर अड़े रहना, एक न एक दिन सभी को मरना है, किन्तु मृत्यु वही है, जिसे सारी दुनिया देखे, जिसकी मृत्यु पर सब रो उठें, उसी का मरना सफल है। मुझे गर्व है कि मेरा पुत्र श्रेष्ठ आदर्श एवं कार्यों के लिए अपने प्राणों को न्यौछावर कर रहा है। मैं हृदय से चाहती हू कि तुम फांसी के तख्ते पर खड़े होकर 'इन्कलाब जिन्दाबाद' के नारे लगाओ। तुम्हारा काम घटे नहीं; बल्कि आगे को बढ़ता रहे।'

सचमुच माँ विद्यावती एक वीर भारतीय महिला है। आखिर ऐसी वीर माँ का पुत्र भला भगत सिंह की तरह क्यों न होता। उनका यह देशप्रेम; ऐसा स्वाभिमान विरली ही माताओं में पाया जाता है। क्या कोई साधारण स्त्री अपने पुत्र को ऐसा उपदेश दे सकती है।

इसके बाद भगत सिंह की अपने पिता से कुछ बातचीत हुई। इस बातचीत में हमें एक पिता के पुत्रस्नेह तथा भगत सिंह की मृत्यु के प्रति निर्भीकता दिखाई देती है–

पिता–बेटे ! शायद एक बार फिर भेंट हो।

भगत सिंह–क्या आपने कुछ सुना है?

पिता–हाँ।

भगत सिंह–क्या?

किशन सिंह–तुम्हारी, राजगुरु तथा सुखदेव की फांसी की सजा नहीं बदली है। गांधी–इरविन समझौते के अनुसार केवल कांग्रेसी बन्दी ही रिहा होंगे; कोई भी क्रान्तिकारी बन्दी नहीं छोड़ा जाएगा। वाइसराय चाहे तो अपने अधिकार का प्रयोग करके फांसी की सजा को बदल सकता है, किन्तु वह ऐसा करने को राजी नहीं है।

भगत सिंह–मैं शुरू से ही कह रहा हूँ कि हमारी सजा को कोई भी नहीं बदलेगा। फांसी का फन्दा हमारे गले में अवश्य डाला जाएगा। इसमें कोई नई बात नहीं है।

पिता–मैंने कुछ और सुना है।

भगत सिंह–वह क्या?

पिता–महात्मा गांधी ने कह दिया है कि यदि इन तीनों नौजवानों को फाँसी पर चढ़ाना है, तो यह काम कांग्रेस के करांची अधिवेशन के पूर्व ही हो जाना

चाहिए।

भगत सिंह—यह अधिवेशन कब तक हो रहा है?

पिता—इसी महीने के आखिर में।

भगत सिंह—यह तो बड़ी खुशी की बात है। गार्मियां आ रही है, मैं खुद को कालकोठरी की आग में जलाने से तो मर जाना बेहतर समझता हूँ। मैं पुनः भारत में जन्म लूंगा और हो सकता है कि फिर एक बार अंग्रेजों के साथ टक्कर लेनी पड़े। मेरा देश भारत अवश्य आजाद होगा।

इसके बाद पिता ने भी पुत्र को हिम्मत न छोड़ने की शिक्षा दी। भगत सिंह ने इसके बाद अपने छोटे भाई–बहिनों से कहा—'हिम्मत न हारना, साथ ही मेरी मौत के बाद देश और जनता की सेवा से मुँह न मोड़ लेना। आवश्यकता पड़ने पर देश के लिए बलिदान हो जाने से भी पीछे न हटना।" अन्त में फिर अपनी मां को पास बुलाकर कहा—"लाश लेने आप मत आना, कुलवीर को भेज देना, कहीं आप रो पड़ीं, तो कहेंगे कि भगत सिंह की मां रो रही थी।" इतना कहरकर वे ठहाके मारकर हंस पड़े थे। जेल के लोग उनकी इस मस्ती और अल्हड़पन को देखकर ठगे से रह गये थे; मौत के एकदम पास होने पर भी उनका ऐसा व्यवहार कि जैसे कुछ हुआ ही न हो; इतना धीरज, ऐसा साहस भला सामान्य लोगों में कहां पाया जा सकता है। इसके बाद परिवार के सभी लोगों से उन्होंने विदा ली; अन्तिम विदा; फिर कभी न मिलने के लिए। यही उनकी अपने घरवालों से आखिरी मुलाकात थी। इसके बाद उनके घरवाले फाँसी के बाद भी उन्हें नहीं देख पाये थे। भले ही इस समय सभी के मन में यही भाव था कि अब वे भगत सिंह के मृत शरीर को ही देखेंगे। भगत सिंह ने भी यही सोचा था। इसीलिए उन्होंने अपने छोटे भाई से शव ले जाने के लिए भी कहा था, परन्तु उन्होंने यहां तक कहां सोचा था कि जालिम अंग्रेज सरकार ऐसा भी नहीं होने देगी।

फांसी से पहले :

अन्त में 23 मार्च, 1931 का वह मनहूस दिन भी आ गया, जब इन वीरों को फांसी की सजा दी जानी थी। भगतसिंह ने जेल में ही अपने वकील से लेनिन की जीवनी मंगा ली थी। खाली समय में पुस्तकें ही उनकी दोस्त थीं। वह लेनिन की जीवनी पढ़ने में डूबे हुए थे। एकदम निश्चिन्त; भय अथवा व्याकुलता का उनके चेहरे पर कोई चिह्न नहीं था, किन्तु जेलर खानबहादुर मोहम्मद अकबर के

मन और मस्तिष्क में विचारों का ववण्डर उठ रहा था। शायद वह सोच रहा था, काश वह भगत सिंह को बचा सकता। काश नौकरी से उसके हाथ बंधे न होते। उसके सामने बार–बार इन वीरों के चेहरे आ जाते थे, दिल में एक बेचैनी–सी होने लगती; एक तूफान–सा उठने लगता; एक लावा–सा उबल रहा था उसके अन्दर, जिसे कोई देख नहीं सकता था, वह स्वयं भी, पर उसका अनुभव कर रहा था वह, एक ऐसा अनुभव, जिसे बयान नहीं किया जा सकता। दोपहर का समय था, सूर्य आकाश के बीच में पहुंच चुका था। कुछ ही देर पहले भगत सिंह ने रसगुल्ले मँगाकर खाये थे। तभी जेल के सहायक जेलर ने कैदियों को अपनी–अपनी कोठरियों के अन्दर चले जाने को कहा। कैदियों की समझ में कुछ भी नहीं आया कि यह क्या हो रहा है; अभी तो एकदम दोपहर थी जबकि शाम को ही उन्हें कोठरियों में बन्द किया जाता था। इसका क्या अर्थ हो सकता है; सब अपनी–अपनी अक्ल के घोड़े दौड़ा रहे थे। तभी जेलर मोहम्मद अकबर वहाँ पहुंचा और 14 नम्बर की वैरक के सामने जाकर खड़ा हो गया। सभी कैदी उसके चेहरे की ओर देखने लगे; जैसे पूछना चाह रहे थे कि आखिर क्या बता है? परन्तु उसका चेहरा देखकर किसी को भी पूछने का साहस न हुआ। उसके चेहरे को देखकर लगता था, जैसे वह अत्यधिक तनाव में था, कोई बात थी, जो उसके अन्दर ही अन्दर घुमड़ रही थी; वह कोई फैसला नहीं कर पा रहा था। कैदियों की ओर देखकर उसके मुँह से केवल इतना ही निकला था कि वे चाहें तो बन्द न हो जो कुछ भी होगा देखा जाएगा। इतना कहने के बाद वह जैसे आया था, वैसे ही चला गया। कैदियों ने भी होनी का कुछ–कुछ अनुमान लगा लिया था। वे सब कोठरियों के अन्दर चले गये। सचमुच आज भरी दोपहर में सूर्य अस्त होने जा रहा था।

शाम 5 बजे सभी बैरकों के कैदी अपनी–अपनी कोठरियों में बन्द हो गये, सबकी हाजिरी हो चुकी थी। इन तीनों वीरों को कोठरियों के अन्दर ही स्नान कराया गया। वैसे इन्हें तीन बजे दिन में ही फाँसी लगने की सूचना दी जा चुकी थी। इसी जेल में एक सिख चीफ वार्डन था–चतरसिंह जो सेना का भूतपूर्व हवलदार था। वह एक धार्मिक स्वभाव तथा मधुरभाषी सिख था। जब चतरसिंह को यह ज्ञात हुआ कि भगत सिंह को 'फांसी दी जानेवाली है, तो वह शीघ्र भगत सिंह के पास पहुंचा और बोला, "बेटा! अब तो आखिरी वक्त आ पहुंचा है, मैं तुम्हारे बाप के बराबर हूँ। मेरी एक बात मान लो...।"

"कहिए, क्या हुक्म है?" उसी मस्ती से हंसते हुए भगत सिंह ने पूछा।

"मेरी सिर्फ एक दरख्वास्त है कि आप इस आखिरी वक्त में वाहे गुरु का नाम ले लो और गुरुवाणी का पाठ करो। यह लो गुटका, तुम्हारे लिये लाया हू।" चतरसिंह बोला। भगत सिंह ठहाका लगाकर हंसे और बोले, "आपकी इच्छा पूरी करने में तो मुझे कोई ऐतराज नहीं हो सकता था, अगर आप कुछ समय पहले कहते। अब जबकि आखिरी वक्त आ गया है, मै परमात्मा को याद करूँ तो वह कहेगा कि यह (भगत सिंह) बुजदिल है; तमाम उम्र तो इसने मुझे याद नही किया, अब मौत सामने नजर आने लगी है, तो मुझे याद करने लगा है। इसलिए बेहतर होगा कि जिस तरह मैंने पहले जिन्दगी गुजारी है, उसी तरह मुझे इस दुनिया से जाने दीजिए। मुझ पर यह इल्जाम तो कई लगाएँगे कि मैं नास्तिक था और मैंने परमात्मा में विश्वास नहीं किया, लेकिन यह तो कोई नहीं कहेगा कि भगत सिंह बुजदिल और बेईमान भी था आखिरी वक्त मौत को सामने देखकर उसके पांव लड़खड़ाने लगे थे।"

इस समय वह लेनिन की जीवनी पढ़ने में तल्लीन थे, तभी जेल के अधिकारी आ गये और बोले, "सरदारजी, फांसी का आदेश आ गया है; आप तैयार हो जाएं।"

उनकी नजर किताब पर से नहीं हटी, पढ़ते-पढ़ते वह बोले, "रुको एक क्रान्तिकारी दूसरे क्रान्तिकारी से मिल रहा है।" थोड़ी देर तक किताब के उस भाग को पढ़ लेने पर उन्होंने किताब ऊपर को उछाल दी और बोले "चलो।" और वह कोठरी से बाहर आ गए।

फांसी के तख्ते की ओर ले जाने से पहले जेल के अधिकारियों ने इन तीनों वीरों, भगतसिंह, राजगुरु तथा सुखदेव से जेल के नियमों के अनुसार काले कपड़े पहनने को कहा गया, लेकिन भगतसिंह इसके लिए राजी न हुए और उन्होंने कहा, "मैं चोर, लुटेरा, डाकू, खूनी या कोई मामूली अपराधी नहीं हूँ, मैं एक राजनीतिक कैदी हूँ, एक क्रान्तिकारी हूँ।" इस पर चीफ वार्डन तथा उप अधीक्षक की कुछ भी कहने की हिम्मत न हुई, अतः उन्होंने इस मामले में दारोगा तथा अधीक्षक से रिपोर्ट की। तब दारोगा अकबर खां उनके पास आया। उसने उनसे मिन्नत की कि वे जीवन के अन्तिम समय में इस प्रकार का व्यवहार न करें। तब भगत सिंह मान गये।

तीनों क्रान्तिकारी कोठरी से बाहर निकले। उन्होंने एक-दूसरे को देखा; तीनों आपस में गले मिले। तीनों हंस रहे थे। कैसी विडम्बना थी कि जिन्हें फांसी

दी जा रही थी, वे हंस रहे थे, उनके चेहरे खिले हुए थे; गम का कोई भी निशान उनके चेहरों पर न था; वे सीना फुलाये हुए अकड़ कर मस्ती से झूमते हुए चल रहे थे, परन्तु जेल के उन अधिकारियों के चेहरों पर मुर्दनी–जैसी छायी हुई थी। जो उन्हें ले जा रहे थे; उनके चेहरों पर दुःख और अवसाद की रेखाएं साफ दिखाई दे रही थीं। भगत सिंह बीच में थे, राजगुरु दाहिनी और तथा सुखदेव बाईं ओर। भगत सिंह की दोनों भुजाओं में अन्य दो साथियों की भुजाएं थीं। तीनों ही मौत से एकदम बेखबर–से लग रहे थे और झुम–झुमकर गा रहे थे–

दिल से निकलेगा न मरकर वतन की उलफ़त।
मेरी मिट्टी से भी खुशबू–ए–वतन आयेगी।

सारा माहौल गमगीन हो चला था, परन्तु इन देशभक्तों के चहरों से एक विचित्र तेज चमक रहा था। तब भारत माता के ये लाडले सपूत जेल के अधिकारियों एवं कर्मचारियों से घिरे हुए बढ़ चले महाप्रयागण की ओर; फाँसी के फन्दे को गले लगाने।

महाप्रयाण तथा अन्तिम क्रिया :

शाम छः बजकर पैंतालीस मिनट पर ये तीनों फाँसी दिये जानेवाली जगह पर पहुँच गये। उस समय जेल अधीक्षक, आई. जी. पुलिस, डिप्टी कमिश्नर लाहौर तथा आई. जी. जेल भी वहां उपस्थित थे। तीनों वीर बुलन्द आवाज में नारे लगाने लगे–'इन्कलाब जिन्दाबाद', 'अंग्रेजी साम्राज्यवाद का नाश हो', 'राष्ट्रीय झण्डा ऊँचा रहे', 'डाउन–डाउन यूनियन जैक'। इन नारों को जेल के अन्य कैदियों ने भी सुना, तब उन्होंने अनुमान लगाया कि इन महान क्रान्तिकारियों की महाप्रयाण की वेला आ गई है, अतः उन्होंने अपनी–अपनी कोठरियों से ही ऊँची–ऊँची आवाजों में इन नारों को दुहराया तथा नारों को दुहराकर ही उन्हें श्रद्धांजलि दी।

जब तीनों फाँसी के तख्ते के पास पहुंचे, तो फांसी के नियमों के अनुसार डिप्टी कमिश्नर वहां पर खड़ा था। भगत सिंह तथा उनके साथियों को हथकड़ी नहीं लगायी गयी थी, क्योंकि जेलर से उन्होंने पहले ही कह दिया था कि उन्हें हथकड़ी न लगायी जाए तथा मुंह पर काला कण्टोप न चढ़ाया जाए। जेलर इनकी इस अन्तिम इच्छा को मान गया था, किन्तु इस समय उन्हें इस प्रकार देखकर डिप्टी कमिश्नर यकायक सहम गया, तब जेलर मोहम्मद अकबर ने उन्हें सारी बात बतायी और विश्वास दिलाया कि वे कुछ नहीं करेंगे। फांसी के तख्ते

पर चढ़ने से पहले भगत सिंह ने अंग्रेज डिप्टी कमिश्नर को सम्बोधित करते हुए कहा, "मजिस्ट्रेट! तुम भाग्यशाली हो, जो आज तुम्हें यह देखने का अवसर मिला है कि भारतीय क्रान्तिकारी किस तरह प्रसन्नता से अपने सर्वोच्च आदर्शों के लिए मौत को भी गले लगा सकते हैं।"

निःसन्देह जीवन के अन्तिम क्षणों में भी इस प्रकार के आदर्श पर अडिग रहने वाले भगत सिंह की बात को सुनकर मजिस्ट्रेट प्रभावित हुए बिना नहीं रह सका होगा। मजिस्ट्रेट से इतना कहने के बाद वह फांसी के तख्ते पर चढ़ गये। तीन फन्दे टंगे हुए थे। यहां भी तीनों उसी क्रम से बीच में भगतसिंह दाहिनी ओर राजगुरु तथा बायें सुखदेव खड़े हो गये। तीनों ने फिर गरजती आवाज में नारे लगाए—

'इन्कलाब जिन्दाबाद'

'साम्राज्यवाद मुर्दाबाद'

तीनों ने फन्दे की ओर देखा, मुस्कराये, उसे चुमा और गले में डाल लिया, जैसे रणभूमि में जाने के लिए फूलों की माला डाल रहे हों। भगत सिंह ने जल्लाद से फन्दों को ठीक कर लेने को कहा। शायद उसने ये शब्द अपने जीवन में पहली बार सुने थे। साधारण अपराधियों के तो तख्ते पर चढ़ने में ही पैर लड़खड़ाने लगते हैं, परन्तु भगत सिंह फन्दा ठीक करने को कह रहे थे। जल्लाद ने फन्दे ठीक किये। चर्खी घुमाई। तख्ता हटा और ये तीनों वीर मातृभूमि की बलिवेदी पर शहीद हो गये। भारत भूमि की आजादी के लिए एक चमकता हुआ सूर्य सदा—सदा के लिए अस्त हो गया।

सरकारी तार के अनुसार यह फांसी शाम 7 बजे दी जानी थी। श्री मन्मथनाथ गुप्त ने लिखा है कि यह फांसी शाम 7 बजकर पन्द्रह मिनट पर दी गयी। कुछ दूसरी पुस्तकों में यह समय साढ़े सात बजे अथवा सात बज कर तेंतीस मिनट लिखा हुआ है। यहां विशेष ध्यान देने योग्य बात यह है कि सामान्य तौर पर फांसी सुबह दी जाती है, जबकि भगतसिंह के मामले में इस नियम का पालन नहीं किया गया। उन्हें रात में फांसी दी गयी। फांसी के बाद व्यक्ति का मृत शरीर उसके घरवालों को सौंप दिया जाता है, किन्तु इन महान क्रान्तिकारियों के घर इस बात की सूचना भी नहीं दी गई कि उन्हें फांसी दी जा रही है। इससे अधिक जालिमाना हरकत और क्या हो सकती है। कहा जाता है कि इन वीरों के शरीरों को काटकर छोटे—छोटे टुकड़े कर दिये गए। इन टुकड़ों को बोरों में भर दिया गया, किन्तु अपने इस नीच कर्म के कारण अंग्रेजी सरकार खुद कितनी डरी हुई थी इसका

अनुमान इस बात से लगाया जा सकता है कि इन बोरों को जेल के मुख्य दरवाजे से बाहर लाने की हिम्मत अंग्रेजों की नहीं पड़ी। अंग्रेज स्वयं अपराधी थे, जबकि सच्चाई तो यह थी कि इन वीरों ने कोई अपराध नहीं किया था; अपनी मातृभूमि के लिए; उसकी स्वतन्त्रता के लिए संघर्ष करना कौन-सा अपराध था कि वे विदेशी अंग्रेजों को देश से बाहर खदेड़ना चाहते थे। इसी काम के लिए उन्हें फांसी हुई थी। सम्भवत: जेल के किसी पिछले दरवाजे से इन बोरों को बाहर निकाला गया। प्रसिद्ध क्रान्तिकारी श्री मन्मथनाथ गुप्त ने लिखा है कि "इस भय से कि यदि शवों को जेल से बाहर ले जाया गया, तो हो सकता है कि क्रान्तिकारियों का कोई छिपा साथी देख ले। जेल की पिछली दीवार तोड़कर शवों को तुरन्त जलाने के लिए फीरोजपुर ले जाया गया।"

यह सब काम रातों-रात चोरी छिपे किया गया। इधर लाहौर सेंट्रल जेल में यह सब हो रहा था, उधर भगत सिंह के पिता सरदार किशनसिंह लाहौर में ही मोरी दरवाजे के मैदान मे भाषण सुन रहे थे। वहीं किसी ने उन्हें इस फांसी की सूचना दी। लोग गुस्से से पागल हो उठे, उन्होंने भीड़ को किसी तरह समझा-बुझाकर शान्त किया और स्वयं तेजी से जेल की तरफ कदम बढ़ाये। इस पर भी कुछ लोग उनके पीछे हो लिये, किन्तु उनका वहां पहुंचना बेकार ही रहा, जेल का ट्रक पहले ही रवाना हो चुका था। यह ट्रक पहले कसूर पहुंचा। सब कुछ पहले ही बनी योजना के अनुसार हो रहा था। वहां से एक सिख ग्रन्थी तथा एक हिन्दू पण्डित को साथ लिया गया। ये सब फिरोजपुर के पास सतलुज नदी के किनारे पहुंचे। ट्रकों से लाशों के बारे उतारे गये। फिर आधी रात के समय उन बोरों पर मिट्टी का तेल छिड़क कर आग लगा दी गई, ताकि शव शीघ्र जल जाएँ।

लाशें जलने लगीं। प्रचण्ड अग्नि से सारा वातावरण आलोकित हो उठा। साथ आया अंग्रेज अधिकारी बोला, "अब मैं जाता हूँ। जब यह जल जाए, तो राख नदी में बहा देना।" उसक जाने के बाद बाकी लोग भी शायद डरे हुए थे; उन्होंने अधजले टुकड़े जल्दी-जल्दी नदी में डाल दिये। पुलिस वालों को इससे क्या अन्तर पड़ता था। उन्होंने बाल्टी से पानी डालकर राख को नदी में बहा दी। जहां पर चिताएं लगी थीं, उस स्थान को बालू-मिट्टी से ढक दिया गया।

तब तक शायद समीप के गांववालों को इस सब घटना का पता लग चुका था, वे हाथों में मशालें लेकर सतलुज के तट की ओर चल पड़े। मशालों को अपनी ओर आता देखकर इन शवों को जलाने आये जेल के कर्मचारी आदि ट्रकों में बैठकर नौ-दो ग्यारह हो गये। गाँववालों की भीड़ वहां पहुंची। शायद उन्हें

विश्वास हो गया था कि शवों को ठीक ढंग से नहीं जलाया गया है। श्री मन्यथनाथ गुप्त के अनुसार "गांववालों ने शवों को नदी से निकाला तथा फिर पूरे नियम से उनका दाह–संस्कार किया।"

दूसरे दिन प्रातःकाल से ही वहां लोगों की भीड़ इकट्ठी हो गई। वह स्थान भारतीयों के लिए तीर्थस्थान बन चुका था, अतः जिसके हाथ भी मिट्टी, धूल, खून से सने पत्थर या हड्डियों के टुकड़े जो लगा, उन्होंने उठा लिया।

अंग्रेज सरकार ने अपनी ओर से दूसरी सुबह केवल एक औपचारिकता पूरी करन के लिए जनता के लिए यह सूचना दी। लाहौर के जिलाधीश की ओर से दीवारों पर 24 मार्च को निम्नलिखित पोस्टर चिपकाये गये–

"जनता को सूचना दी जाती है कि भगत सिंह, राजगुरु तथा सुखदेव के शव, जिन्हें कल 23 मार्च को शाम के समय फांसी दे दी गयी थी, जेल के बाहर सतलुज के तट पर ले जाये गये और वहां सिक्खों तथा हिन्दुओं के रीति–रिवाजों के अनुसार उनका संस्कार कर दिया गया और उनकी अस्थियों को नदी में डाल दिया गया।"

दूसरे दिन यह समाचार पूरे देश में फैल गया।

फांसी पर देश की प्रतिक्रिया :

इस समाचार से पूरे देश में एक तूफान उठ खड़ा हुआ। सारे देश में 24 मार्च को शोक–दिवस घोषित किया गया। सारा देश शोक के सागर में डूब गया। लाहौर में प्रशासन ने यूरोपीय स्त्रियों को दस दिन तक बाहर न निकलने की सलाह दी। बम्बई, मद्रास तथा कलकत्ता जैसे महानगरों का माहौल चिन्तनीय हो उठा। कलकत्ते में सशस्त्र पुलिस सड़कों पर गस्त लगा रही थी, फिर भी वह प्रदर्शनों को न रोक सकी, जगह–जगह पुलिस से उनकी मुठभेड़ें हुई, कई व्यक्ति मारे गये, इससे भी अधिक घायल और गिरफ्तार किये गए।

क्रान्तिकारियों की चिताओं के कुछ अवशेषों को जयदेव गुप्ता तथा बीबी अमरकौर लाहौर ले आये। इनका जुलूस निकाला गया। हजारों लोगों ने इनके दर्शन किये। देश–भर के समाचार पत्रों ने इन महान आत्माओं को श्रद्धांजली देते हुए लेख लिखे। जगह–जगह शोक–शभाएँ हुई, सरकार की क्रूरता तथा गांधी–इरविन समझौते की कटु आलोचना हुई । इस शोकपूर्ण वातावरण में लाहौर के 'ट्रिब्यून' ने लिखा–

"भारत में अंग्रेजी सरकार ने जो कुछ गलतियाँ कीं, वे महत्व और गम्भीरता

की दृष्टि से उन गलतियों के समान हैं, जो उसने भगत सिंह, राजगुरु और सुखदेव के मृत्यु–दण्ड को न बदलने में की है।"

लाहौर के उर्दू अखबार पयाम ने 3 अप्रैल, 1931 को लिखा–

"भगत सिंह, राजगुरु और सुखदेव को फांसी दे दी गई है। सिर्फ तीन जाने गई हैं, लेकिन उन्हें 23 करोड़ हिन्दुस्तानी प्यार करते थे। उनका खून करके ब्रितानवी हुकूमत ने सारे हिन्दुस्तान की मर्दानगी को ललकारा है। अगर हिन्दूस्तान इस चुनौती को स्वीकार करता है तो इंग्लैण्ड का भविष्य अंधेरे से भर जायेगा। और, अगर वह इसे मंजूर नहीं करता तो उसे अपने भविष्य से हाथ धोना पड़ेगा। शहीदों ने हमें शहादत का अनोखा रास्ता दिखाया है और हमें उनके दिखाये रास्ते पर चलना चाहिए। इंग्लैण्ड ने सारे हिन्दुस्तान की इबादत को ठुकरा दिया है। इसका जवाब सिसकियों और अश्कों से नहीं दिया जा सकता, क्योंकि ये कमजोरी के हथियार हैं। ब्रितानवी हुकूमत में दयानत, आदमियत और उदारता नहीं है। यह शैतान हुकूमत है, जो सिर्फ जोर के आगे झुकती है। तुममें ताकत है, इसका सही इस्तेमाल करो। ब्रतानवी हुकूमत, ब्रितानवी तिजारत, ब्रितानवी इल्म का बहिष्कार करो और ब्रितानिया बेइज्जत होकर तुम्हारे कदमों पर गिरेगा और उसे शहीदों के खून की कीमत चुकानी पड़ेगी। भगत सिंह के खून की कीमत इससे कम नहीं है कि हिन्दुस्तान आजाद हो, क्योंकि उसके बिरादरान ने हिन्दुस्तान की आजादी के लिए अपनी जानें दी हैं। जब पूरे आजाद पर्शिया का खून एक आम अंग्रेज के खून की कीमत नहीं चुका सकता, तब गुलाम भारत के फर्जमन्द बेटों जिन पर पुलिस अफसर के खून का इल्जाम था, के खून को कैसे मुआफ किया जा सकता है। लेकिन अगर एक आम अंग्रेज की जान इतनी कीमती है, तो क्या हिन्दुस्तान भगत सिंह, राजगुरु और सुखदेव की कीमत कम समझता है, जिनका अंग–अंग देशभक्ति और पाक शहादत से भरा हुआ था। ब्रितानिया को इसका जवाब काम करके दो, अल्फाजों से नहीं। हिन्दुस्तान इन तीन शहीदों को पूरे ब्रितानिया से ऊपर समझता है। अगर हम हजारों–लाखों अंग्रेजों को भी मार गिराएं, तो भी हम पूरा बदला नहीं चुका सकते। यह बदला तभी पूरा होग, अगर हिन्दुस्तान को आजाद करा लो, तभी ब्रितानिया की शान मिट्टी में मिलेगी। ओ! भगत सिंह, राजगुरु और सुखदेव! अंग्रेज खुश हैं कि उन्होंने तुम्हारा खून कर दिया है, लेकिन वो गलती पर हैं। उन्होंने तुम्हारा खून नहीं किया, उन्होंने अपने ही भविष्य में छुरा घोंपा है। तुम जिन्दा हो और हमेशा जिन्दा रहोगे।"

भारत ही नहीं विदेशी अखबारों में भी अंग्रेज सरकार के इस काम की आलोचना की थी। न्यूयार्क के समाचार-पत्र 'डेली वर्कर' ने लिखा था-

"लाहौर के तीन कैदी, भगत सिंह, राजगुरु तथा सुखदेव, जो भारत की आजादी के लिए लड़ रहे थे, अंग्रेजी साम्राज्यवाद के हितों के लिए अंग्रेज मजदूर सरकार द्वारा खत्म कर दिये गए। मैकडोनल्ड के नेतृत्व में अंग्रेजी मजदूर सरकार द्वारा की गई यह सबसे पहली खूनी कार्यवाही है, तीन भारतीय क्रान्तिकारियों की मृत्यु पूर्वनिश्चित राजनीतिक योजना के अनुसार मजदूर सरकार की आज्ञा पर यह स्पष्ट करती है कि अंग्रेजी साम्राज्यवाद को बचाने के लिए मैकडोनल्ड सरकार कितनी दूर जा सकती है।

तब इंग्लैण्ड में मजदूर दल की सरकार थी और रैमजे मैकडोनल्ड उसके प्रधानमन्त्री थे। इंग्लैण्ड की मजदूर पार्टी अपने को मजदूर वर्ग का शुभचिन्तक मानती है। यह इस पत्र में इस पार्टी के कार्यों की खुलकर निन्दा की गई है तथा क्रान्तिकारियों को देशभक्त कहा गया है। कई-एक विदेशी समाचार-पत्रों ने भी इनकी इस तरह प्रशंसा की थी; इससे सहज ही अनुमान लगाया जा सकता है कि भारत ही नहीं विदेशों में भी उनके कार्यों की प्रशंसा करनेवाले व्यक्ति थे, वस्तुतः वह एक महान वीर थे, उनकी मृत्यु के बाद बंगाल में 'भगतसिंह की वीरता' नामक एक लघु पुस्तक भी छपी थी, किन्तु बंगाल की अंग्रेज सरकार इसे कैसे बर्दाश्त कर सकती थी; अतः यह पुस्तक जब्त कर ली गई। इसी प्रकार की एक छोटी-सी पुस्तक पंजाब में भी प्रकाशित हुई, जिसमें भगत सिंह के वीरता पूर्ण कार्यों और उनके बलिदान का वर्णन किया गया था। इसे भी पंजाब सरकार द्वारा जब्त कर लिया गया था।

इस शहादत पर सरकार के विरोध में बंगाल के राष्ट्रवादी दलों ने विधान सभा का बहिष्कार किया। उस समय सदन में वित्त विधेयक पर बहस हो रही थी। कांग्रेस को छोड़कर अन्य सभी दलों ने सरकार के इस कार्य पर अपनी आपत्ति प्रकट की थी।

शहीद भगत सिंह के गांव बंगा में लोगों ने अपने खून से लिखकर शपथ ली थी कि वे भगत सिंह की फाँसी का बदला लेंगे। पंजाब के कई स्थानों पर किसानों ने भूमि कर देने से इन्कार कर दिया। इसका कारण पूछे जाने पर उन्होंने बताया कि उन्हें भगत सिंह की आत्मा ने दर्शन दिये और टैक्स न देने को कहा। 13 अप्रैल, 1931 को अमृतसर के जलियाँवालाबाग में एक सभा हुई, जिसे सम्बोधित करते हुए डॉ. सैफुद्दीन किचलू ने कहा कि लोगों को संघर्ष के

लिए तैयार रहना चाहिए। उन्होंने पुलिसवालों से भी प्रार्थना की कि यदि उन्हें जनता पर ज्यादतिया करने का आदेश मिले, तो वे नौकरी छोड़ दें। इस सभा के अध्यक्ष श्री इमामुद्दीन ने विदेशी कपड़ों का बहिष्कार करने को कहा। देखते–ही–देखते विदेशी वस्तुओं की होली जल उठी। आने–जानेवालों ने भी इसमें कोई–न–कोई विदेशी चीज डालकर भाग लिया। पूरे पंजाब में 'बेईमान सरकार को तबाह कर दो', "हम टैक्स नहीं देंगे", आदि नारे सुनाई देने लगे। स्वामी योगानन्द ने घोषणा की–"हम कर नहीं देंगे, देशवासियों गदर करो, रात को पुलिस थाने लूटकर जला दिये जाएंगे..।" बहादुरगढ़ मे शिवकुमार नामक एक व्यक्ति ने 6 अप्रैल को यह कहकर एक सनसनी–सी फैला दी कि "वे एक खास व्यक्ति का इन्तजार कर रहे हैं, उसका इशारा मिलते ही खून की नदियां बहा दी जाएंगी।" इसी प्रकार 19 अप्रैल को अमृतसर में बोलते हुए भिक्रेनसिंह ने कहा "शीघ्र ही समय आने वाला है, यह दमनकारी सरकार मिटा दी जाएगी। इस काम के लिए लाला हरदयाल जर्मनी से हथियार ला रहे हैं, राजा महेन्द्रप्रताप सिंह बोल्शेविक सेना के साथ लाल झण्डा लेकर खैबर दर्रे से आ रहे हैं, रासबिहारी बोस, जापान से आ रहे हैं तथा मेरठ काण्ड के कैदी जेलें तोड़कर आ रहे हैं।" इस तरह के जोशीले समाचारों से अंग्रेजो की नींद हराम हो गई।

कुल मिलाकर भगत सिंह की शहादत ने सारे देश को झकझोर कर रख दिया। इससे लोगों को दु:ख तो अवश्य हुआ; परन्तु उनका उत्साह कम नहीं हुआ, वरन वे और भी अधिक जोश के साथ अंग्रेजों को देश से बाहर निकाल देने को तैयार हो गये। भगत सिंह भारत के मन एवं मस्तिष्क में बस चुके थे। भारतवर्ष के हर गांव और शहर में उनके नारे सुनाई देते थे। अखबारों के पहले पृष्ठ पर उन्हीं का चित्र दिखाई देता था, उनके चित्र धड़ाधड़ बिक रहे थे। वे भारतीय जनता के आराध्य देव बन चुके थे। अंग्रेज सरकार ने उनके शरीर को तो खत्म कर दिया, पर वे भारतीयों के दिलों से उन्हें निकालने में असमर्थ थे। भगत सिंह के चित्रों में उन्हें अंग्रेजी हुकूमत की मौत का साया नजर आता था; अत: अंग्रेज सरकार उनके चित्रों को भी जब्त करने में पीछे नहीं हटी। अंग्रेज अपने इस कृत्य से कितने भयभीत थे, इस बात का अन्दाज इन घटनाओं से आसानी से लगाया जा सकता है कि होशियारपुर का पुलिस अधीक्षक घोड़े पर बैठकर कहीं जा रहा था, इतने में उसकी नजर एक पान की दुकान पर पड़ी; भगत सिंह का चित्र टंगा था उसने इसे ब्रिटिश सरकार के काल जैसा देखा; वह

घोड़े से उतरा, लपककर पनवाड़ी का गिरेवान पकड़कर उसे जमीन पर पटक दिया और चित्र को पांवों तले कुचल डाला, इसे क्या कहा जा सकता है; खिसियानी बिल्ली पंजा नोचे; जुल्म की इन्तहा : एक नीचता, पागलपन या कुछ और। किसी आदमी के शरीर या चित्र को नष्ट किया जा सकता है, लेकिन क्या उसके नाम को; उसकी यादगार को; उसके कार्यों को; उसकी दिखाई राह को? नहीं ऐसा कदापि नही हो सकता। अंग्रेजों के इस व्यवहार ने भारतीयों को भगत सिंह का और भी अधिक दीवाना बना दिया।

परदेश

मार्च, 1931 के अन्तिम सप्ताह में भगत सिंह की मृत्यु के बाद कांग्रेस का करांची में 46वां अधिवेशन हुआ। लौहपुरुष सरदार बल्लभ भाई पटेल इस अधिवेशन के सभापति थे। इस अधिवेशन में भगत सिंह के पिता सरदार किशनसिंह भी उपस्थित थे। लोगों के दिलों में भगत सिंह की शहादत की याद एकदम ताजा थी, अतः इस अधिवेशन की शुरुआत एक मुर्दनी-सी छाये हुए माहौल में हुई।

अधिवेशन के आरम्भ में भगत सिंह सम्बन्धी प्रस्ताव रखा गया। प्रस्ताव की भाषा पर सम्मेलन में काफी वाद-विवाद रहा। काँग्रेस का नरम दल भगत सिंह के बलिदान की प्रशंसा करना चाहता था, परन्तु उनके हिंसा के मार्ग को अस्वीकार करते थे। युवा पीढ़ी प्रस्ताव के इस संशोधन का विरोध कर रही थी। अन्त में नरम दल का ही प्रस्ताव स्वीकार किया गया। इस प्रस्ताव की भाषा इस प्रकार थी-

"काँग्रेस, जबकि किसी भी प्रकार की राजनीतिक हिंसा को अस्वीकार करती है और अपने-आपको इससे अलग रखती है, भगत सिंह , राजगुरु तथा सुखदेव की वीरता तथा बलिदान की प्रशंसा करती है तथा दुःखी परिवारों के प्रति सहानुभूति व्यक्त करती है। काँग्रेस का मत है कि इन तीनों को फांसी एक असंगत प्रतिशोध की भावना का कार्य है और राष्ट्र की ओर से सर्वसम्मतिपूर्वक क्षमा की मांग का एक सोचा-समझा अपमान है, और कांग्रेस इस विचार से सहमत है कि सरकार ने दोनों राष्ट्रों के बीच सद्भावना फैलाने तथा दल को शान्ति के मार्ग पर लाने, जो कि निराशा की स्थिति में राजनीतिक हिंसा को अपनाती है एक स्वर्णिम अवसर को खो दिया है, जिसकी इस गम्भीर परिस्थिति में आवश्यकता थी....।"

इन वीरों की रक्षा न कर पाने के लिए महात्मा गांधी को भी इस अधिवेशन में विरोध का सामना करना पड़ा। युवा वर्ग ने जब इस विषय में गांधीजी से सवाल पूछे तो उन्होंने केवल इतना ही कहा–

"भगत सिंह का जीवन बचाने के लिए वाइसराय से की गई योजना का कोई लाभ नहीं हुआ। मैने एक बात और कर ली होती कि सजा बदलने को समझौते की शर्त बना लिया होता, जैसा आप लोगों का कहना है, किन्तु ऐसा नहीं किया जा सका और समझौता त्याग देने की धमकी एक विश्वासघात हो जाती। 'सजा बदलने' को समझौते की शर्त न बनाने के लिए काँग्रेस कार्यकारिणी मुझसे सहमत थी, इसलिए मैं समझौते में केवल इसका जिक्र ही कर पाया। मैंने उदारता की आशा की थी, मेरी आशा पूरी नहीं हुई, पर यह समझौते को तोड़ने का आधार नहीं हो सकता।"

जब सम्मेलन में भगत सिंह के सम्बन्ध में प्रस्ताव चल रहा था तथा अधिवेशन की कार्यवाही चल रही थी, तो पण्डाल के बाहर नौजवान जोर–जोर से शोर करते हुए अपने गुस्से को प्रकट कर रहे थे। इससे एक दिन पूर्व इन्हीं नौजवानों ने गांधीजी को काले झण्डे दिखाये थे।

इस प्रस्ताव के विषय में अपने विचार व्यक्त करते हुए नेताजी सुभाष चन्द्र बोस को कहना पड़ा था, "करांची की परिस्थितियाँ ऐसी थीं कि लोगों को प्रस्ताव की कड़वी गोली खानी पड़ी, जो सामान्य परिस्थितियों में भी इससे हजारों मील दूर रहते और जहां तक महात्मा गांधी का सम्बन्ध था, उन्हें अपने मन की बात प्रस्ताव की कार्यवाही में डालनी पड़ी। यद्यपि इस प्रस्ताव में उस समय संशोधन कर दिया गया, पर इससे विवाद का अन्त नहीं हुआ; कांग्रेस के राज्यों के सम्मेलनों में भी इस पर विवाद हुआ था।

भगत सिंह, सुखदेव तथा राजगुरु के मृत शरीरों का जो अपमान अंग्रेजों ने किया था; उसके बारे में इस सम्मेलन में बड़ी उत्तेजना देखने को मिली। अतः इसके लिए कांग्रेस की कार्यकारिणी ने एक जांच समिति भी बनायी थी। इसके विषय में डॉ; पट्टाभि सीतारमैया ने 'भारतीय राष्ट्रीय कांग्रेस का इतिहास' में लिखा है–

"करांची में कांग्रेसियों को एक और बात ने उत्तेजित किया था, वह थी सरदार भगत सिंह और सुखदेव तथा राजगुरु के शवों के साथ अपमानजनक व्यवहार की चारों ओर फैली अस्पष्ट खबर। इसलिए कार्यकारिणी ने इन आरोपों की जाँच के लिए एक समिति का गठन किया, जिसे 30 अप्रैल तक कार्यकारिणी

को अपनी रिपोर्ट देनी थी। इसके साथ ही हम यह भी बता दें कि भगत सिंह के पिता जो इस पग के लिए सबसे अधिक कोशिश में थे, इस विषय में कोई प्रमाण प्रस्तुत नहीं कर सके, और न ही वे किसी प्रकार की सहायता देने के लिए समिति के सामने प्रस्तुत हुए। अतः इसका कोई परिणाम न निकला।

भला जब शव ही जला दिये गए तो इसके बाद क्या प्रमाण मिल सकता था।

इस प्रकार हम देखते हैं कि भले ही अंग्रेजों ने यह सोचा हो कि भगत सिंह को फाँसी दे देने के बाद, भारतीय इस घटना को भूल जायेंगे, किन्तु इसके बाद के घटनाचक्र ने यह सिद्ध कर दिखाया कि उनका ऐसा सोचना स्वयं एक बहुत बड़ी भूल थी।

(10)

भगत सिंह का जीवन-दर्शन

प्रत्येक मनुष्य की जीवन में अपनी–अपनी कुछ मान्यताएँ होती हैं। या यों कहिए कि जीवन के विभिन्न पहलुओं के विषय में हर एक मनुष्य अलग–अलग ढंग से सोचता और विचारता है। देश, धर्म, राजनीति आदि के विषय में लोगों के अलग–अलग विचार देखने में आते हैं। यही जीवन को देखने का अलग–अलग ढंग साधारणतया उसका जीवन–दर्शन कहा जाता है। यद्यपि भगत सिंह का जीवनकाल अधिक लम्बा नहीं रहा, उनका जन्म 27 सितम्बर, 1907 को तथा 23 मार्च, 1931 को उन्हें फांसी दे दी गयी थी। इस प्रकार उनका कुल जीवन केवल 23 वर्ष 5 माह तथा 26 दिनों का रहा। इतने अल्प जीवन में उन्होंने जो कुछ भी कर दिखाया उसका महत्त्व अपने–आप में अनूठा है। उनके जीवन–दर्शन अर्थात उनके विचारों को संक्षेप में यहां प्रस्तुत किया जा रहा है।

धर्म निरपेक्षता :

भगत सिंह धर्म को देश और राजनीति से अलग रखना चाहते थे। कदाचित् वह धर्म को राजनीति से मिलाने के दुष्परिणामों को जानते थे। उनकी दृष्टि में देश–सेवा सबसे बड़ा धर्म था और देश ही उनका ईश्वर था। मार्च 1926 में उन्होंने लाहौर में 'नौजवान भारत सभा' का गठन किया था। इसका सदस्य बनने से पहले प्रत्येक युवक को एक शपथ लेनी पड़ती थी कि वह देश के हितों को अपनी जाति तथा अपने धर्म के हितों से बढ़कर मानेगा। वास्तव में आज भारत में भगत सिंह के इस विचार की सबसे अधिक आवश्यकता है। देश में धर्म के नाम पर हिंसा का नग्न ताण्डव हो रहा है। यद्यपि हमारे संविधान में यह तो घोषित कर दिया है कि धर्म का देश की राजनीति में कोई स्थान नहीं है, परन्तु आज लोग इसे एक प्रकार से भूल ही चुके हैं। लोगों की दृष्टि में धार्मिक कट्टरता के सामने देश के हितों का कोई मूल्य नहीं रह गया है।

भगत सिंह का जन्म भले ही एक सिख परिवार में हुआ था, किन्तु उनके जीवन को देखने से लगता है कि उन्होंने अपने को कभी भी एक सिख के रूप में नहीं देखा था। वह एक भारतीय थे; भारतीयता ही उनका धर्म था; भारतभूमि उनकी आराध्या देवी थी; वह समस्त भारत के थे और समस्त भारत उनका अपना था। 'नौजवान भारत सभा' का एक महत्त्वपूर्ण उद्देश्य साम्प्रदायिकता रहित सभी प्रकार के सामाजिक, आर्थिक तथा औद्योगिक संगठनों से सहानुभूति रखना भी था। वस्तुतः यदि भारत को अपने अस्तित्व की रक्षा करनी है, तो आज हमारे राष्ट्रीय नेताओं को इस बात पर ध्यान देना ही होगा कि साम्प्रदायिक आधार पर बने सभी प्रकार के संगठनों पर रोक लगाई जाए, अन्यथा इसके दुष्परिणामों की कल्पना भी नहीं की जा सकती। राष्ट्र के भविष्य को सुनिश्चित रखने के लिए भगत सिंह के इस विचार से हमें प्रेरणा लेनी ही होगी।

राष्ट्रीय भावना का विकास :

भगत सिंह का यह निश्चित विचार था कि देश तभी मजबूत हो सकता है जब वहां के नवयुवकों में देशभक्ति की भावना का सही रूप में विकास हो। हमें यह कहने में थोड़ा-सा भी संकोच नहीं है कि आजादी के इतने वर्षों बाद भी भारत में इस भावना का उचित विकास नहीं हो पाया है, जबकि राष्ट्रीय आन्दोलनों के समय यह भावना अपनी उँचाइयों पर थी। भगत सिंह इस तथ्य को जान गये थे कि भारत तभी एक रह सकता है, जब यहाँ के नवयुवकों में देशभक्ति की भावना हो। इसलिए 'नौजवान भारत सभा' का सबसे पहला उद्देश्य ही यही था-'एक संयुक्त भारतीय गणराज्य के लिए भारतीय युवकों में देशभक्ति की भावनाओं को जगाना।'

इस भावना के न होने पर भले ही बाहरी रूप में देश की एकता बनी रहे, पर वास्तविक रूप में यह एकता केवल दिखावे की होती है, जो देश के लिए कभी भी घातक हो सकती है।

समाजवादी दृष्टिकोण :

भगत सिंह के राजनीतिक विचार समाजवादी सिद्धान्तों पर आधारित थे। 'नौजवान भारत सभा' के निम्नलिखित दो उद्देश्यों में उनके इन विचारों का पहली बार परिचय मिलता है।

'किसानों एवं मजदूरों तथा संपूर्ण स्वतन्त्र गणराज्य प्राप्ति के पास ले जाने

वाले आन्दोलनों को समर्थन देना।'—श्रमिकों तथा कृषकों को संगठित करना।'

यहां यह उल्लेख करना अनुचित न होगा कि नौजवान भारत सभा की स्थापना मार्च, 1926 में हुई थी, तब तक राष्ट्रीय कांग्रेस ने सम्पूर्ण स्वतन्त्र गणराज्य की बात सोची भी नहीं थी; तब तक कांग्रेस का उद्देश्य ब्रिटेन के एक अंग के रूप में *स्वतन्त्र भारत का निमार्ण था;* न कि संपूर्ण प्रभुता सम्पन्न राष्ट्र का निमार्ण कांग्रेस ने पहली बार सम्पूर्ण स्वतन्त्रता की मांग अपने *लाहौर* अधिवेशन में सन् 1929 में की थी। वास्तव में भगत सिंह कम्यूनिस्ट विचारों के जन्मदाता कार्ल मार्क्स तथा 1917 की रूसी क्रान्ति से अत्यधिक प्रभावित थे। इस बात का प्रमाण उनके जीवन की अनेक घटनाओं से मिलता है।

असेम्बली बम काण्ड में दिल्ली जेल में लगी सेशन जज मिडल्टन की अदालत में दिया गया उनका भाषण इस बात का स्पष्ट प्रमाण है कि भगत सिंह एक समाजवादी थे। उन्होंने यह भाषण 6 जून, 1927 को दिया था। इस भाषण के निम्नलिखित अंश देखिए—

'हमारा उद्देश्य यह है कि अन्याय पर आधारित वर्तमान न्याय व्यवस्था में परिवर्तन लाना चाहिए। उत्पादक और श्रमिक समाज के अत्यन्त आवश्यक तत्त्व हैं, तथापि शोषक लोग उन्हें श्रम के फलों और मौलिक अधिकारों से वंचित कर देते हैं। एक ओर अन्न उगाने वाले मौलिक अधिकारों से वंचित कर देते हैं। एक ओर अन्न उगाने वाले किसान भूखों मर रहे हैं, सारी दुनिया के बाजारों में कपड़ों की पूर्ति करने वाले बुनकर अपने और अपने बच्चों के शरीरों को ढांपने के लिए पूरे कपड़े प्राप्त नहीं कर पाते, भवन–निमार्ण, लोहारी और बढ़ईगीरी के काम में लगे शानदान महलों का निमार्ण करके भी गन्दी बस्तियों में रहते हैं और मर जाते हैं। दूसरी ओर पूंजीपति, शोषित और समाज पर धुन की तरह जीने वाले लोग अपनी सनक पूरी करने के लिए करोड़ों रूपये पानी की तरह बहा देते हैं। .... क्रान्ति से हमारा प्रयोजन अन्ततः एक ऐसी सामाजिक व्यवस्था की स्थापना करना है जिसे इस प्रकार के घातक खतरों का सामना न करना पड़े और जिसमें सर्वहारा वर्ग की प्रभुता को मान्यता दी जाए। इसका परिणाम यह होगा कि विश्व संघ मानवजाति को पूंजीवाद के बन्धन तथा युद्ध से उत्पन्न होने वाली बर्बादी और मुसीबतों से बचा सकेगा।"

इस प्रकार की विषमतओं को दूर करने का इलाज उनका केवल समजावाद ही था। वह समाजवाद से किस सीमा तक प्रभावित थे, इसका अनुमान इस बात से लगाया जा सकता है कि लाहौर सेण्ट्रल जेल में भी उन्होंने मार्क्स तथा रूसी

क्रान्ति की पुस्तकें मंगाई थीं और फांसी चढ़ने से कुछ ही देर पहले तक वह लेनिन की जीवनी पढ़ने में डूबे हुए थे।

देश के नेता नहीं स्वयंसेवक चाहिए :

भगत सिंह काम करने में विश्वास करते थे, नेतागीरी करने में नहीं। देश का कल्याण इसी में है कि वहां के राजनीतिक व्यक्ति अपने को नेता न समझकर; जनता का सेवक, एक कार्यकर्त्ता अथवा जनसेवक समझें। भारत में समाजवाद की स्थापना के उद्देश्य से क्रान्तिकारियों ने 'भारत समाजवादी गणतन्त्र संघ' की स्थापना की थी। इस विषय में भगत सिंह ने लिखा था—

"मैं नौजवानों से कहना चाहता हूँ कि वे इस काम में कार्यकर्त्ता के रूप में भाग लें, जहां तक नेताओं का सवाल है वे पहले से ही बहुत हैं। हमारी पार्टी को नेता नहीं चाहिए। यदि आप सांसारिक प्राणी है, पारिवारिक प्राणी हैं, तो हमारे पास न आएं। किन्तु यदि आप हमारे उद्देश्य से सहानुभति रखते हैं, तो दूसरी तरह से हमारी सहायता करें। केवल कड़े अनुशासन से रहने वाले लोग ही आन्दोलन को आगे बढ़ा सकते हैं।"

किन्तु आज हमारे राजनीतिक दला की स्थिति इससे एकदम विपरीत है, इनमें अनुशासन जैसी कोई चीज नहीं है; हां चाटुकारिता एवं व्यक्तिपूजा को तो अनुशासन कहा नहीं जा सकता। इन दलों का कोई भी सदस्य कार्यकर्त्ता बनकर नहीं रहता, सभी की नजर कुर्सी पर रहती है, हर कोई नेता ही बनना चाहता है।

मानवता/हिंसा :

ऊपर लिखा जा चुका है कि भगत सिंह पर समाजवादी विचारों का प्रभाव था। अतः वह मानवता के प्रबल समर्थक थे। मनुष्य का जीवन उनकी दृष्टि में सबसे अधिक पवित्र वस्तु था। उन्हें अंग्रेजों से कोई व्यक्तिगत शत्रुता नहीं थी। अपने इन विचारों का परिचय देते हुए उन्होंने दिल्ली जेल में लगी अदालत में कहा था—

"मानवमात्र के प्रति हमारा प्रेम किसी से कम नहीं है, अतः किसी के प्रति विद्वेष रखने का प्रश्न ही नहीं उठता। इसके विपरीत हमारी दृष्टि में मानव जीवन इतना पवित्र है कि उसका शब्दों में वर्णन नहीं किया जा सकता। ....किसी को चोट पहुँचाने के बजाय मानव जाति की सेवा के लिए हम अपने प्राण देने को तत्पर हैं। हम साम्राज्यवादी सेना के उन भड़ैत सैनिकों की तरह नहीं हैं, जो हत्या

करने में आनन्द लेते हैं। इसके विपरीत हम मानव जीवन की रक्षा का प्रयत्न करेंगे।'

स्पष्ट है कि भगत सिंह व्यर्थ के रक्तपात के पक्ष में नहीं थे, किन्तु भारत की आजादी के लिए इस समय उन्हें हिंसा का सहारा लेना पड़ा था। उन्होंने ऐसा क्यों किया?—उसका उत्तर भी उन्होंने इपने इस भाषण में स्वयं दिया है—

"हमने पिछले खण्ड में काल्पनिक हिंसा शब्द का प्रयोग किया है, हम उसकी व्याख्या करना चाहते हैं। हमारी दृष्टि में बल प्रयोग उस समय अन्यायपूर्ण होता है जब वह आक्रमण की विधि से किया जाए, किन्तु जब बल का प्रयोग किसी विशेष उद्देश्य की पूर्ति के लिए किया जाए, तो वह नैतिक दृष्टि से न्यासंगत हो जाता है। बल प्रयोग का पूरी तरह बहिष्कार कोरी काल्पनिक गलतफहमी है।"

भगत सिंह के इन शब्दों में कितनी सच्चाई है, इसक फैसला पाठक स्वयं कर सकते हैं। क्या हमारा कोई शत्रु हमारे देश पर आक्रमण कर दे, या व्यक्तिगत जीवन में ही कोई हमें हानि पहुँचाए; हमारा जीना दूभर कर दे तो हमारा उसे सहते जाना कहाँ तक उचित है? और कोई उसे कब तक सह सकता है? यदि अहिंसा से ही विश्वशान्ति सम्भव होती, तो किसी देश को सेना अथवा भीतरी सुरक्षा के लिए पुलिस आदि की व्यवस्था करने की कोई जरूरत ही न पड़ती। इसीलिए ऊँचे आदर्शों के लिए बल प्रयोग; अर्थात् हिंसा के प्रयोग को भगत सिंह अनुचित नहीं मानते थे। सर्म्पूण राष्ट्र के हित को ध्यान में रखकर ही उन्होंने अंग्रेजों के विरुद्ध हिंसा का मार्ग अपनाया था, किन्तु उनकी यह हिंसा संकीर्ण भावनाओं से ऊपर थी। इसका उद्देश्य सम्पर्णू भारत भूमि की स्वतंत्रता था; न कि अंग्रेज जाति के कोई वैर की भावना।

अपनी सभ्यता एवं संस्कृति पर गर्व :

किसी भी सच्चे राष्ट्रप्रेमी के हृदय में अपने देश की संस्कृति तथा सभ्यता के लिए अनुराग होना स्वाभाविक है, अतः भगतसिंह भी इसके अपवाद नहीं थे। यद्यपि वह साम्यवादी विचारों के प्रबल समर्थक थे; धर्म में उनकी कोई विशेष आस्था नहीं थी; रूसी क्रान्ति के जनक लेनिन उनके आदर्श थे, तथापि उन्हें भारत, भारतीय संस्कृति एवं सभ्यता से अपार प्रेम था। इसी प्रेम के कारण उन्होंने अपने जीवन में समस्त सुख–सुविधाओं को तिलाञ्जली देकर क्रान्ति का कठोर मार्ग अपनाया था। उनके संस्कृति प्रेम का परिचय भी 'नौजवान भारत

सभा' के गठन से स्पष्ट रूप में प्राप्त होता है। अन्य बातों के साथ ही इस सभा का एक महान् उद्देश्य भारतीय संस्कृति तथा भारतीय भाषाओं का प्रचार करना भी था।

भारतीय इतिहास के दो महापुरुष गुरु गोविन्द सिंह तथा छत्रपति शिवाजी के लिए उनके दिल में अपार श्रद्धा थी। उनके विचारों के अनुसार ये दो महापुरुष भारतीय इतिहास के महान् क्रान्तिकारी थे। इन दोनों को वह अपनी क्रान्ति का प्रेरणास्त्रोत मानते थे।

"इस देश में एक नया आन्दोलन उठ खड़ा हुआ है, जिसकी पूर्व सूचना हम दे चुके हैं। यह आन्दोलन गुरु गोविन्द सिंह और शिवाजी, कमाल पाशा और रिजा खाँ, वाशिंगटन और गैरी बाल्डी तथा लाफरेते और लेनिन के कार्यों से प्रेरणा ग्रहण करता है।"

गीता भारतीय संस्कृति की एक महत्त्वपूर्ण रचना है। भगत सिंह को गीता ने भी प्रभावित किया था। अपने जेल के जीवन में शायद वह कम्यूनिस्ट साहित्य के साथ ही गीता का भी अध्ययन करते रहते थे। सम्भवतः गीता के निष्काम कर्मयोग से प्रभावित होकर ही उन्होंने सुख–शान्ति का जीवन छोड़कर निष्काम भाव से मातृभूमि की सेवा का मार्ग अपनाया था। उनके गीता प्रेम का परिचय उनके एक पत्र से प्राप्त होता है। यह पत्र उन्होंने दिल्ली जेल से अपने पिता सरदार किशन सिंह को लिखा था, जब वह असेम्बली बम काण्ड में पहली बार गिरफ्तार हुए थे।

"हाँ, अगर हो सके, तो 'गीता रहस्य' नेपोलियन की भोटी सुआने उमरी, जो आपको कुतुब में मिल जाएगी और अंग्रेजी के कुछ नावल लेते आना।"

इस तरह बिना कोई इच्छा के सच्चाई के लिए लड़ते रहना तथा मृत्यु से बिल्कुल भी भयभीत न होना इत्यादि गुण स्पष्ट सिद्ध करते हैं कि उन्होंने गीता का अध्ययन अत्यन्त गम्भीरता के साथ किया था, जिनसे प्रभावित हुए बिना वह नहीं रह सके। लाहौर के अपने डी. ए. वी. स्कूल के विद्यार्थी जीवन में संस्कृत उनका प्रिय विषय था, इसका उल्लेख उनके प्रारम्भिक जीवन के अन्तर्गत हो चुका है।

बलिदान आवश्यक :

शहीद भगत सिंह की यह निश्चित अवधारणा थी कि लक्ष्य को पाने के लिए बलिदान आवश्यक है। उनके जीवन का मुख्य लक्ष्य भारत की स्वतन्त्रता प्राप्त

भगत सिंह-8

करना था। अतः इसके लिए वह कठिन से कठिन परीक्षा भी देने को तैयार थे, और उन्होंने दी भी; अपने जीवन का बलिदान देकर उनका कहना था कि लक्ष्य की प्राप्ति आसानी से नहीं होती; इसके लिए लगातार प्रयत्न करना पड़ता है।

"मैं युवकों से अपील करना चाहूंगा कि समाजवादी प्रजातन्त्र की स्थापना के लिए उत्साहपूर्वक कार्य करें। यदि वे इस संघर्ष को बिना थके करते चले जाते हैं तो वे अपने लक्ष्य को प्राप्त कर सकते हैं, पर एक वर्ष में नहीं, अपितु भारी बलिदान और कठिन परीक्षाओं के बाद!"

कुछ पाने के लिए कुछ खोना भी पड़ता है, कुछ ही नहीं, बहुत कुछ खोना पड़ता है, इस भावना से कार्य करने वाला ही लक्ष्य को प्राप्त करता है, इन पंक्तियों से यही शिक्षा प्राप्त होती है। भगत सिंह को जब लाहौर जेल की काल कोठरी में भेजा गया तो उस समय अपने अन्य मित्रों को विदाई देते हुए उन्होंने कहा था–

"साथियों! मिलना तथा बिछुड़ना तो लगा रहता है, हो सकता है हम फिर मिल सकें। जब आपकी सजा पूरी हो जाए तो घर पहुँचकर सांसारिक कार्यों में न उलझ जाना। जब तक आप भारत से अंग्रेजों को निकालकर समाजवादी गणतन्त्र स्थापित न कर लें, आराम से न बैठें। यह मेरा आपके लिए अन्तिम सन्देश है।"

अर्थात् चलते रहो, रुको मत; तब तक, जब तक कि मंजिल न मिल जाए, यही उनका सिद्धान्त था। यह एक श्रेष्ठ प्रकार की त्याग भावना है।

एकता के समर्थक :

भारत विभिन्न धर्मों एवं सम्प्रदायों का देश है। यहां विभिन्न धर्मों के मानने वाले लोग सदियों से एक साथ रहते आये हैं; साथ ही यह भी सत्य है कि यहां विभिन्न धर्मो को मानने वाले लोगों में से अधिकतर एक ही पूर्वजों की सन्तान हैं। इस प्रकार धार्मिक विश्वासों के अलग होने पर भी वे भाई–भाई हैं, किन्तु कभी–कभी कुछ फिरकापरस्त लोगों के शतरंज के मोहरे बनकर वे आपस में ही एक दूसरे से खून के प्यासे हो जाते हैं। एक सच्चा इन्सान, जो सच्चे अर्थों में धर्म को मानता है, इस प्रकार के कार्यों एवं विचारों को कभी उचित नहीं कह सकता। शहीद भगत सिंह भी एक सच्चे मानव थे। उनकी दृष्टि में मानवता ही सबसे बड़ा धर्म थी; वे सभी भारतीयों को आपस में भाई मानते थे। अतः इनको आपस में लड़ते देखकर उनकी आत्मा रो उठती थी। इस विषय में श्री दीनानाथ

सिद्धान्तालंकार ने एक घटना का उल्लेख किया है–

"वे (भगत सिंह) रात में चौबारे की छत पर अकेले बैठे रोते रहते थे। बहुत दिनों तक मैं इसे उनकी घरेलू परिस्थिति का फल समझता रहा। एक दिन रात में कोई बारह बजे मेरी आँखें खुली तो सिसकियाँ भर–भर कर रो रहे थे। मैंने उन्हें धीरज बंधाया, तब रोने का कारण पूछा, तो बहुत देर तक चुप रहने के बाद बोले–"*मातृभूमि की दुर्दशा को देखकर मेरा दिल छलनी हो रहा है। एक ओर विदेशियों के अत्याचार, दूसरी ओर भाई–भाई का गला काटने को तैयार है। इस हालत में ये बन्धन कैसे कटेंगे?*"

1925 में जब भगत सिंह दिल्ली में 'वीर अर्जुन' में काम करते थे, तो उन दिनों देश साम्प्रदायिक दंगों की आग में जल रहा था, दिल्ली भी इससे अछूती नहीं रही, अतः भगत सिंह जैसे सच्चे राष्ट्रभक्त का इस प्रकार के हालातों को देखकर दु:खी होना स्वाभाविक ही था।

समस्त भारतवासी आपस में एक होकर रहें, यह उनकी हार्दिक इच्छा थी। इसी उद्देश्य के लिए उन्होंने जून 1928 में लाहौर में 'विद्यार्थी यूनियन' बनायी थी। अधिकतर विद्यार्थी ही इसके सदस्य बनाये जाते थे। क्योंकि विद्यार्थी ही भावी राष्ट्र के निर्माता होते हैं। देश की एकता के लिए सामाजिक बुराइयों को दूर करना इस यूनियन का मुख्य कार्य था। द्वितीय अध्याय में लिखा जा चुका है कि यह यूनियन हिन्दुओं और मुसलमानों के जाति–पाँति, छुआछूत आदि संकीर्ण विचारों को दूर करने के लिए मिले–जुले भोजों का आयोजन करती थी, जिसमें सभी जातियों और धर्मों के लोग एक साथ बैठकर भोजन करते थे। इस सभा के अनेक सदस्यों ने अपने–अपने धर्म की कुप्रथाओं पर लेख लिखे थे तथा जातिवाद का जमकर विरोध किया था।

इस प्रकार शहीद भगत सिंह राष्ट्रीय भावना के विकास के प्रबल समर्थक, धर्म निरपेक्ष राजनीति के विचारक तथा एक ऊँचे आदर्शों वाले समाजवादी थे। वह मानवता के सच्चे प्रेमी, कोरे आदर्शवाद के विरोधी, अपनी संस्कृति एवं सभ्यता पर अभिमान करने वाले और राष्ट्रीय एकता के पक्षपाती थे। उन्होंने भारत के सुनहरे भविष्य का स्वप्न देखा था, वे एक सच्चे मनुष्य और सच्चे भारतीय थे, जिन्होंने भारत को स्वाधीन करने के लिए अपने अमूल्य प्राणों का भी बलिदान कर दिया।

(11)

शहीद भगत सिंह का मूल्यांकन

शहीद भगत सिंह का नाम लेते ही हैट पहने हल्की तीखी मूछों, तीखी आँखों तथा स्वस्थ शरीर कुछ लम्बाई लिये भरे चेहरे वाले एक युवक की तस्वीर सहज ही हमारी आँखों के सामने आ जाती है। किसी व्यक्ति का मूल्यांकन करना कोई आसान कार्य नहीं है। यदि कोई ऐसा करता भी है; तो यह आवश्यक नहीं कि अन्य लोग भी उससे सहमत ही हों। जो भी हो शहीद भगत सिंह का भारतीय इतिहास में अपना एक विशेष स्थान है।

भगत सिंह केवल 23 वर्ष 5 माह की अल्पायु में मातृभूमि की सेवा करते हुए बलिदान हो गये थे। इस छोटी–सी अवस्था में भी उन्होंने अपने जीवन का अन्तिम दो वर्षों से भी अधिक समय पुलिस हवालात अथवा जेल में बिताया। फिर भी अपनी जन्म–भूमि की पराधीनता की बेड़ियों को काट डालने के लिए उन्होंने जो बलिदान किया, सारे विश्व के इतिहास में ऐसे उदाहरण कम ही मिलते हैं। आखिर क्या कारण था कि इतनी कम अवस्था में भी इस युवक ने जीते–जी भी और बलिदान हो जाने के बाद भी अंग्रेज सरकार की नींद हराम कर दी थी! कौन–सी बात थी कि उस समय के प्रसिद्ध नेताओं; राजनीति के महारथियों को भी इस नवयुवक के विषय में सोचने के लिए बाध्य होना पड़ा था। आखिर क्यों? वह कौन–सा हेतु था कि उस समय भारतीय राजनीति में छाये हुए महात्मा गांधी को भी इस वीर की शहादत पर आलोचना का विषय बनना पड़ा था! किसी भी कार्य के पीछे कोई न कोई कारण अवश्य रहता है। शहीद भगत सिंह की लोकप्रियता का भी यही कारण था। अंग्रेजों की दृष्टि में वह केवल एक आतंकवादी थे, लेकिन भारतीयों की दृष्टि में एक श्रेष्ठ देशभक्त। कुछ विद्वानों ने महात्मा गांधी और भगत सिंह की तुलना करने का प्रयत्न किया है, कुछ उन्हें वीरता का प्रतीक मानते हैं तथा स्वयं भगत सिंह ने अपने आपको स्वतन्त्रता संग्राम का एक योद्धा तथा युद्धबन्दी कहा था। इसके साथ ही अनेकों अन्य

विद्वानों तथा राजनीतिज्ञों ने उनका अपनी–अपनी दृष्टि से मूल्यांकन किया है। यहाँ इन्हीं दृष्टियों से इस विषय पर विचार करने का एक छोटा–सा प्रयत्न किया जा रहा है।

महात्मा गांधी और भगत सिंह :

विचारों की दृष्टि से महात्मा गांधी और भगत सिंह में कहीं कोई समानतता नहीं है; जहां गांधीजी परम अहिंसावादी हैं, वहीं भगत सिंह एक क्रान्तिकारी हैं, जो लक्ष्य को प्राप्त करने के लिए हिंसा को गलत नहीं मानते। दोनों की विचारधाराएँ एक–दूसरे के एकदम विपरीत हैं, एक उत्तरी ध्रुव है, तो दूसरा दक्षिणी ध्रुव, परन्तु लक्ष्य दोनों का एक ही था; भारत की स्वतन्त्रता। दोनों ही अतिवादी थे; एक अहिंसा का अतिवादी, तो दूसरा क्रान्ति का अतिवादी, किन्तु भारतीय जनता के लिए दोनों ही समान प्रिय एवं पूज्य थे। दोनों ने मातृभूमि की स्वतन्त्रता के लिए संघर्ष किया, भगत सिंह संघर्ष करते हुए शहीद हो गये और गांधीजी ने संघर्ष में सफलता पायी तथा एक हत्यारे के हाथों मारे गये। इस विषय में श्री के. के. खुल्लर ने अपनी पुस्तक 'शहीद भगत सिंह : कुछ अधखुले पृष्ठ' में किया है–

राजनीतिक दृष्टिकोण से उस युग के ऐसे चिन्तक थे, जो नदी के किनारों की तरह तभी एक–दूसरे से मिल पाते, जब समुद्र में मिलते या उन्हें ऐसी समानान्तर रेखाएँ कहा जा सकता है, जो अनन्तता में ही मिल सकती है। दोनों ने मातृभूमि के लिए अपने प्राणो का विसर्जन किया और अमर हो गये। गांधीजी एक हत्यारे की गोली का शिकार हुए और भगत सिंह का सरकार से अन्तिम अनुरोध यह था कि युद्धबन्दी होने के नाते उसे साधारण अपराधी की भाँति फाँसी पर लटकाये जाने के बजाय गोली से उड़ा दिया जाए। चरित्र, साहस और निर्भयता की दृष्टि से दोनों ने ऐसे स्तर निर्मित किये हैं कि साधारण मनुष्य के लिए उनके आगे जा पाना सुगम नहीं है। वे व्यक्ति नहीं आन्दोलन थे। जहां गांधी बैठते थे वह स्थान मन्दिर था, जिस पर गांधी चलते थे वह जमीन पवित्र थी। जहां भगत सिंह को फाँसी लगी और जहां उनका अन्तिम संस्कार किया गया वे स्थान तीर्थ बन चुके हैं। भगत सिंह के विषय में बिना आँखें गीली किये या बिना भावुक हुए नहीं लिखा जा सकता। फॉसी के तख्ते पर झूलकर भगत सिंह ने ज्यादा सच्चा जीवन जिया। उतना ही कठिन है बिना गला भर आये गांधीजी की

हत्या का वर्णन। दोनो ने अपने पीछे ऐसी स्मृति छोड़ी है जिसे भुलाया नही जा सकता। दोनो की मौत लोगों के दिलों में शहादत का दर्जा रखती है।"

इस प्रकार जहां लक्ष्य दोनों का एक ही था—मातृभूमि को स्वतंत्र कराना, वही दोनों के विचारों मे जमीन आसमान का अन्तर था। दोनों ही अपने-अपने क्षेत्र में परम योद्धा थे। गांधीजी की वीरता शान्ति एवं सत्य पर आधारित थी और भगत सिंह एक अद्वितीय युद्ध वीर थे। इन दोनों में किसी एक को दूसरे से महान् कहना दूसरे के साथ अन्याय होगा।

अतंकवादी नहीं योद्धा :

भारत माता के सच्चे सपूत भगत सिंह ने अंग्रेज सरकार का सुख–चैन छीन लिया था; भगत सिंह के रूप में उन्हें ब्रिटिश राज्य पर लटकती तलवार नजर आने लगी थी; भगत सिंह का नाम अंग्रेजी हुकूमत के लिए आतंक बन चुका था। भारत भारतीयों को होते हुए भी अंग्रेज यहां के स्वामी थे। भारतीयों की दशा दयनीय थी, उन्हें इस दयनीय अवस्था में पहुंचाने वाली अंग्रेजी सरकार ही थी। स्पष्ट है कि यह अत्याचार था, अंग्रेजी सरकार अत्याचारी थी। भगत सिंह ने इस अत्याचार को समाप्त करने का बीड़ा उठाया। अंग्रेजों को खतरा नजर आने लगा, अतः उन्होंने इस परम देशभक्त को आतंकवादी, अपराधी, अवांछनीय व्यक्ति आदि न जाने क्या-क्या कहा, उनका ऐसा कहना स्वाभाविक भी था। एक अत्याचारी से सच्चे न्याय की आशा कैसे की जा सकती है! फ्रेंक मोरिस ने भी उन्हें एक स्पष्ट आतंकवादी तथा निडर योद्धा कहा है—"भगत सिंह एक महत्त्वपूर्ण व्यक्तित्व, एक स्पष्ट आतंकवादी, निडर योद्धा था और जिसके बुद्धियुक्त स्पष्ट चेहरे से विद्रोही कृतियों की झलक मिलती थी।"

अपने देश से प्रेम करना कोई अपराध नहीं है। यदि कोई अपनी मातृभूमि की रक्षा-सुरक्षा अथवा उसकी आजादी के लिए उसके शत्रुओं को भयभीत कर दे; उन्हें आतंकित कर दे तो इसे उसका दुर्गुण नहीं कहा जा सकता; यह तो एक श्रेष्ठ कार्य है; तब उसे किस आधार पर आतंकवादी कहा जा सकता है! भगत सिंह एक ऐसे ही सूरमा थे। अपने 2 फरवरी, 1931 को देश के युवको के नाम दिये गये सन्देश में उन्होंने यही बात कही थी।

"यह बात प्रसिद्ध है कि मैं आतंकवादी रहा हूँ, लेकिन मैं आतंकवादी नहीं हूं। मैं एक क्रान्तिकारी हूँ, जिसके कुछ निश्चित विचार, निश्चित आदर्श तथा लम्बा कार्यक्रम है।"

यदि अपने देश की रक्षा के लिए कोई शत्रु की हत्या करे तो उसे अपराधी नहीं कहा जा सकता। यदि ऐसा होता, तो देश की रक्षा के लिए लड़ने वाले योद्धा भी अपराधी कहे जाते। यही बात भगत सिंह पर भी लागू होती है, जिसे उन्होंने असेम्बली बम काण्ड की लाहौर उच्च न्यायालय में स्वयं कहा था–

पहली बात यह है कि हमने असेम्बली में जो बम फेंके थे, उनसे किसी व्यक्ति को शारीरिक या मानसिक हानि नहीं हुई। इस दृष्टि से जो सजा हमें दी गई है, वह कठोरतम ही नहीं, बदला लेने की भावनायुक्त भी है। दूसरी दृष्टि से देखा जाए तो जब तक अभियुक्त की मनोभावना का पता न लगाया जाए, उसके असली उद्देश्य का पता नहीं चल सकता। यदि उद्देश्य को पूरी तरह भुला दिया जाए, तो किसी भी व्यक्ति के साथ न्याय नहीं हो सकता, क्योंकि उद्देश्य को दृष्टि में न रखने पर संसार के बड़े–बड़े सेनापति साधारण हत्यारे नजर आएँगे। सरकारी टैक्स वसूल करने वाले अधिकतर चोर–जालसाज दिखायी देंगे और न्यायाधीशों पर कत्ल का आरोप लगेगा। इस तरह तो समाज–व्यवस्था और सभ्यता; खून–खराबा, चोरी और जालसाजी बनकर रह जाएगी। यदि उद्देश्य की उपेक्षा की जाए,तो हुकूमत को क्या अधिकार है कि समाज के व्यक्तियों से न्याय करने को कहे। उद्देश्य की उपेक्षा करने पर धर्म–प्रचार झूठ का प्रचार दिखायी देगा और हर एक पैगम्बर पर अभियोग लगेगा कि उसने करोड़ों भोले और अनजान लोगों को गुमराह किया। यदि उद्देश्य को भुला दिया जाए तो हजरत ईसामसीह गड़बड़ करनेवाले, शान्ति भंग करनेवाले और विद्रोह का प्रचार करने वाले दिखाई देंगे। कानून के शब्दों में खतरनाक व्यक्तित्व माने जाएंगे।'

वास्तव में भगत सिंह एक युद्धबन्दी थे। उन्होंने अपनी मातृभूमि की रक्षा के लिए, उसकी गुलामी को समाप्त करने के लिए अंग्रेजी सरकार के विरुद्ध युद्ध किया था। ऐसा उनका स्वयं भी मत था। अतः यदि अंग्रेज उन्हें आतंकवादी कहते थे, तो इसका यह अर्थ नहीं कि वे वास्तव में सत्य कहते थे; क्योंकि राजनीति में अपने शत्रु को लोगों की नजरों में नीचा दिखाने के लिए ऐसा कहने का कोई महत्त्व नहीं होता।

विभिन्न विद्वानों–राजनीतिज्ञों की दृष्टि में :

इतना तो स्पष्ट है कि भगत सिंह भारतमाता के सच्चे सपूत और सेवक थे, चाहे विदेशी अंग्रेज सरकार उन्हें कुछ भी क्यों न कहे। इस अद्वितीय वीर के

व्यक्तित्व में कुछ ऐसी विशेषताएं थी कि भारत ही नहीं विदेशी विद्वान तथा राजनीतिज्ञों ने इनका महत्त्व स्वीकार किया है।

भगत सिंह ने भारतवर्ष के सुन्दर भविष्य की कल्पना की थी। काँग्रेस ने भारत के लिए पूर्ण स्वराज्य की माँग अपने लाहौर अधिवेशन में की थी, जबकि भगत सिंह इससे पूर्व ही पूर्ण स्वतंत्रता को अपने कार्यक्रमों का लक्ष्य बना चुके थे। इस प्रकार भगत सिंह एक भविष्यद्रष्टा कहे जा सकते हैं। उनके इसी गुण के विषय में डॉ. राम मनोहर लोहिया ने कहा था कि व्यक्तिगत रूप से कायर किसी देश की स्वतंन्त्रता के लिए उतने खतरनाक नहीं होते, जितने सामाजिक और आर्थिक विषमताओं की समझ न रखने वाले वीर योद्धा और बढ़-चढ़कर बोलने वाले राजनीतिज्ञ होते हैं। अपने समकालीनों से कहीं ऊँचा भगत सिंह अपने समय से आगे थे। उसने भारत के भविष्य की परिकल्पना आधी शताब्दी से पूर्व ही कर ली थी।'

भगत सिंह का व्यक्तित्व सभी गुणों से सम्पन्न था, उसमें एक जादू-सा था जो उनके सम्पर्क में आने वाले हर व्यक्ति पर अपनी अमिट छाप छोड़े बिना नहीं रहता था। उनके इसी गुण की चर्चा करते हुए डॉ. सतपाल लिखते हैं, "मुझे काँग्रेस तथा 'नौजवान भारत सभा' में भगत सिंह के साथ काम करने का अवसर मिला। अपने लम्बे सार्वजनिक जीवन में मुझे उन जैसा उपयोगी, जोशीला, चतुर, साहसी तथा समझदार युवक शायद ही मिला हो। इश्तहार चिपकाने को वे तैयार, दरियॉ बिछानी हों तो वे तैयार, भाषण करवाना हो, तो आग बरसा दें। मतलब यह है कि प्रत्येक कार्य वे लगन से करते थे। जनता पर उनके असीम प्रभाव का कारण यह था कि वे स्वार्थ, ईर्ष्या या लोभ से सदा दूर रहते थे। उनके चरित्र में इतने गुण थे कि उनमें शालीन पुत्र, प्रिय साथी तथा आदरणीय नेता को एक साथ पाया।"

पण्डित मोतीलाल नेहरू भगत सिंह से किस सीमा तक प्रभावित थे, इसका प्रमाण उनके अनेक बार भगत सिंह से मिलने तथा उन्हें बचाने के प्रयत्नों से अच्छी तरह मिल जाता है। उन्होंने केन्द्रीय विधान सभा में बोलते हुए एक बार कहा था, "ये नौजवान उपासना करने के योग्य तथा महान आत्मा वाले वीर थे।"

पण्डित मोतीलाल नेहरू की तरह महामना मदनमोहन मालवीय के हृदय मे भी भगत सिंह के लिए अपार आदर भावना थी; उन्होंने भगत सिंह राजगुरु तथा सुखदेव की फांसी की सजा बदलवाने के लिए वायसराय से दया की अपील भी

की थी। इन वीरों की प्रशंसा करते हुए उन्होंने कहा था, "भगत सिंह तथा उनके साथी साधारण अपराधी नहीं है। ये वे व्यक्तित्व हैं, जिनके हिंसक कार्यों की, जिसके लिए वे दोषी प्रमाणित किये गये हैं जितनी आलोचना की जाए कम है, किन्तु वे ऐसे व्यक्ति हैं, जो स्वार्थमय भावनाओं से प्रेरित नहीं है। वे सभी ऐसे व्यक्ति हैं, जो देशभक्ति की उच्च भावना तथा स्वदेश की स्वतन्त्रता की भावना से प्रेरित हुए हैं।"

महान समाजवादी नेता आचार्य नरेन्द्र देव ने क्रान्तिकारी भगत सिंह की प्रशंसा करते हुए कहा था, "भगत सिंह तथा दूसरे क्रान्तिकारियों में एक बड़ा अन्तर यह है कि उन्होंने असाधारण रूप से इस बात की घोषणा की थी कि भारत को दासता के विरुद्ध विद्रोह करने का अधिकार प्राप्त है। उनका शौर्य एक विशेष वस्तु है, जो हमारे लिए सदा प्रेरक उदाहरण रहेगा। जो राष्ट्र दीर्घकाल तक पराधीन था, जिसमें राष्ट्रीय तत्त्व शेष नहीं रह गया था, जो यह सोचता था कि विदेशी शक्ति का सामना करने का साहस मुझमें नहीं है और जो अंग्रेजों का चेहरा देखकर भयभीत हो जाता था, उस राष्ट्र के लिए शूरवीरता के ऐसे उदाहरण प्रिय क्यों न हों। भगत सिंह का नाम लेते ही हृदय में बिजली–सी कौंध ा जाती है। थोड़ी देर के लिए मानवीय दुर्बलताएँ दूर हो जाती हैं और प्रत्येक व्यक्ति अपने–आपको भावुकता के नये संसार में पाता है।"

वास्तव में पराधीन भारत को स्वाधीनता का महत्त्व समझाने के लिए तथा उसकी राह दिखाने में भगत सिंह ने एक प्रकार स्तम्भ का कार्य किया था, उन्होंने गुलाम भारतीयों को सन्देश दिया था कि गुलामी के अपमानपूर्ण जीवन के सम्मान के साथ मातृभूमि की सेवा करते हुए मृत्यु का आलिंगन करना श्रेयस्कर है। उनके लिए मातृभूमि की स्वतन्त्रता ही जीवन का लक्ष्य था। उनके क्रान्तिकारी साथी विजयकुमार सिन्हा के ही शब्दों में–"जहां तक आत्मत्याग की भावना का प्रश्न है, उनके पास पर्याप्त मात्राा में थी। वह क्रान्तिकारी आन्दोलन के लिए प्राण तक को न्यौछावर करने के लिए हरदम तैयार रहता था। जब वह असेम्बली में बम फेंकने के लिए जा रहा था, तो किसी ने परामर्श दिया कि उसे बम फेंकने के बाद बच निकलना चाहिए, परन्तु उसने इस बात का डटकर विरोध किया। उसने इस बात पर बल दिया कि उसे स्वय अपने–आपको गिरफ्तार करवाकर दोषी सिद्ध करवाना चाहिए, ताकि वह अपने समाजवादी सिद्धान्तों को और अधिक प्रभावशाली ढंग तथा प्रेरणा द्वारा प्रचारित कर सके। सांडर्स वध पर पार्टी नहीं चाहती थी कि वह इसमें भाग लें, परन्तु भगत सिंह खतरा उठाने के लिए

इतना तीव्र इच्छुक था कि उसे अन्त तक न रोका जा सका।

भगत सिंह एक क्रान्तिकारी थे, किन्तु महात्मा गांधी परम अहिंसावादी, फिर भी उनकी लोकप्रियता तथा महत्त्व गाधीजी से किसी प्रकार कम नहीं था। इसीलिए डॉ. पट्टाभि सीतारमैया ने लिखा है कि "यह कहना अतिशयोक्ति न होगी कि भगत सिंह का नाम भारत में उतना ही लोकप्रिय था, जितना गांधी जी का।"

भगत सिंह की उदात्त देशभक्ति के प्रति अपनी श्रद्धा प्रकट करते हुए पंजाबी विश्वविधालय, पटियाला के पूर्व उपकुलपति कृपाल सिंह नारंग लिखते हैं–

"भगत सिंह का क्रान्तिकारी जीवन भारत के प्रत्येक नागरिक के लिए एक प्रकाश दीप का प्रतीक है। वे एक असाधारण दृष्टि एवं ऊर्जा वाले नवयुवक थे, जिन्होंने भारत की आत्मा को झकझोरा और विश्व की महानतम साम्राज्यवादी शक्ति को चेतावनी दी। वे एक सच्चे और उदात्त देशभक्त थे। उन्होंने अपनी भारतमाता को स्वतन्त्र कराने के लिए जो निर्भयतापूर्ण बलिदान दिया, उसका परिणाम यह रहा है कि तत्कालीन नवयुवकों में एक नवीन चेतना एवं उत्साह भर गया। स्वतन्त्र भारत इसके लिए उनका अत्यधिक ऋणि है और उनके पराक्रमयुक्त कार्यों को भी नहीं भुला सकता। अपने अद्वितीय राष्ट्रप्रेम एवं बलिदान द्वारा उन्होंने अपने समकालीन भारतीय नवयुवकों के समक्ष अतीव निराशा को छिटककर राष्ट्र–निर्माण, सम्मान एव उज्जवल पथ का निमार्ण किया।"

शहीद भगत सिंह भारतीय जनमानस में वीरता एवं बलिदान के प्रतीक बन गये हैं। इसी ओर संकेत करते हुए पूर्व केन्द्रीय मन्त्री डॉ. कर्ण सिंह ने लिखा है, "भारत को स्वतन्त्र कराने के लिए जिन्होंने अपने जीवन का बलिदान दिया, उन सब में सरदार भगत सिंह एक वीर योद्ध एवं नाटकीय व्यक्तित्व थे। वह पंजाब के रहने वाले थे, और उनके मनुष्यत्व एवं साहस की परम्परा के साथ भगतसिंह 'बलिदान' सरीखा महान कार्य करके उस विद्रोह की विचारधारा के प्रतीक बन गये, जिसे तत्कालीन भारतीय युवा पीढ़ी ने अपनाया। उनकी कहानी एक पौराणिक कथा बन गई है और उनका नाम स्वतन्त्रता के सम्बन्ध में देशभक्ति एवं बलिदान का पर्यायवाची बन गया है।"

अपने इन महान् कार्यों के लिए भगत सिंह भारतीयों के दिलों में सदा जिन्दा रहेंगे। भगत सिंह तथा उनके दो अन्य साथियों को फाँसी दे दिये जाने पर लाहौर के उर्दू दैनिक समाचार–पत्र 'पयाम' लिखा था–

"हिन्दुस्तान इन तीनों शहीदों को पूरे ब्रितानिया से ऊँचा समझता है। अगर हम हजारों–लाखों अंग्रेजों को मार भी गिराएँ, तो भी हम पूरा बदला नही चुका

सकते। यह बदला तभी पूरा होगा अगर तुम हिन्दुस्तान को आजाद करा लो। तभी ब्रितानिया की शान मिट्टी में मिलेगी। ओ भगत सिंह ! राजगुरु! और सुखदेव! अंग्रेज खुश हैं कि उन्होंने तुम्हारा खून कर दिया है, लेकिन वो गलती पर हैं। उन्होंने तुम्हारा खून नही किया, उन्होंने अपने ही भविष्य में छुरा घोंपा है। तुम जिन्दा हो और हमेशा जिन्दा रहोगे।"

भगत सिंह जैसी विभूतियाँ कदाचित् ही जन्म लेती है। इसी विषय में श्री के. के. खुल्लर ने लिखा है–

"भगत सिंह के जीवन और मृत्यु का निष्कर्ष यह है कि व्यक्तियों के दमन से विचारों का दमन नहीं किया जा सकता। भगत सिंह जैसा व्यक्ति अनेक शताब्दियों में एक बार जन्म लेता है। उसने मृत्यु का वरण किया, ताकि जीवित रहे।"

भगत सिंह के गुणों से पण्डित जवाहरलाल नेहरू भी अभिभूति थे। भगत सिंह के जेल के जीवन में भी वह उनसे मिलते रहे थे। भगत सिंह के विषय में उन्होंने प्रशंसा करते हुए और उनके महत्त्व को स्वीकार करते हुए कहा था कि 'क्या कारण है कि यह युवक अचानक ही इतना लोकप्रिय हो गया।" नेताजी सुभाषचन्द्र बोस शहीद भगतसिंह को एक प्रतीक के रूप में मानते थे–"भगत सिह आज एक व्यक्ति नही एक प्रतीक है। उसने विद्रोह चेतना को प्रकट किया है।"

भगत सिंह की जीवनी लेखक मेजर गुरुदेव सिंह दयोल ने उन्हें एक सच्चा क्रान्तिकारी बताते हुए लिखा है–

"भगत सिंह वास्तविक अर्थों में एक क्रान्तिकारी थे। उनका विश्वास था कि उचित गन्तव्य की प्राप्ति के लिए हर प्रकार के साधनों का प्रयोग उचित है। अपने संक्षिप्त राजनीतिक जीवन में उन्होंने कभी भी अपने बारे में चिन्ता न की और न ही अपने–आपको ऐसे अवसरों पर बचाने की कोशिश की, जबकि कर्तव्य इसकी माँग करता था।"

इस प्रकार भगत सिंह के कार्यों का अवलोकन करने पर कहा जा सकता है कि इतनी छोटी अवस्था में भी भगत सिंह अपने ऊँचे आदर्शों के उस उन्नत शिखर पर पहुंच गये थे, उन्होंने वह अद्‌भुत कार्य कर दिखाया, जिसकी साधारण आदमी अपने जीवन मे कल्पना भी नहीं कर सकता। भारत राष्ट्र के निमार्ण में, उसकी नींव में भगत सिंह का जो योगदान रहा है, उसके लिए यह देश उनका तब तक ऋणी रहेगा, जब तक कि इसका अस्तित्व रहेगा। हमारी संस्कृति

में देवता शब्द का अर्थ देने वाला भी है, भगत सिंह ने भारत राष्ट्र के निमार्ण में अपनी सर्वप्रिय वस्तु; अपना जीवन भी बलिदान कर दिया इस दृष्टि से वह इस देश के लिए देवतुल्य कहे जा सकते हैं। वह त्याग, देशभक्ति तथा बलिदान के प्रतीक बन गये हैं। किसी भी सद्‌गुण का प्रतीक बन जाना अपने–आपमें अद्वितीय है, इसे मानव जीवन की सार्थकता कहा जा सकता है। यह सर्वोच्च उपलब्धि है। अतः भगत सिंह का मूल्यवान अथवा उनका स्थान निर्धारण कर पाना सम्भव नहीं है। उनकी किसी के साथ तुलना नहीं की जा सकती। अन्त में केवल इतना ही कहा जा सकता है कि वह स्वयं में अपनी उपमा हैं; भगत सिंह, भगत सिंह के ही समान हैं।

❑❑❑

जीवनी माला

डायमंड बुक्स X-30, ओखला इंडस्ट्रियल एरिया, फेज-II नई दिल्ली-110020
फोन : 011-41611861, 40712100 फैक्स : 41611866